AF359583

NOTE

SUR LA

TRACTION ÉLECTRIQUE DES CHEMINS DE FER

NOTE

SUR LA

TRACTION ÉLECTRIQUE DES CHEMINS DE FER

PRÉSENTÉE

par M. le Dr TISSOT

au Congrès du Syndicat Professionnel des Usines d'Électricité
du 13 juin 1903.

———————

LILLE
IMPRIMERIE LEFEBVRE-DUCROCQ
—
1904

NOTE

SUR LA

TRACTION ÉLECTRIQUE DES CHEMINS DE FER

présentée par **M. le Dr TISSOT**

au Congrès du Syndicat Professionnel des Usines d'Électricité
du 13 juin 1903.

———

MESSIEURS,

Sollicité par votre honorable secrétaire, **M. Fontaine,** de prendre la parole dans la réunion d'aujourd'hui, j'ai choisi comme sujet de ma conférence l'état actuel de la traction électrique des chemins de fer. Quoique sortant du domaine que vous avez l'habitude d'explorer, il m'a paru de nature à vous intéresser, car la traction électrique des chemins de fer devient un sujet à l'ordre du jour, non-seulement pour les administrations et compagnies de chemins de fer, mais aussi pour les usines d'électricité, spécialement pour les usines hydro-électriques dont les chemins de fer peuvent devenir des clients importants.

L'exposé qui va suivre ne peut, étant donné le temps dont je dispose, constituer qu'un aperçu général ; il est divisé en trois parties : la première donne un résumé des systèmes qui ont formé la base de ce qui a été fait jusqu'ici en traction sur voie d'un mètre et sur voie normale, avec plusieurs exemples montrant la manière dont ils ont été appliqués ; la seconde partie contient quelques considérations générales au sujet de ces divers systèmes ; dans la troisième, enfin, j'ai cherché à faire ressortir quelques-uns des avantages de la traction électrique sur celle à vapeur et j'ai terminé en exposant succinctement les intentions du Comité constitué en Suisse dans le but de pousser l'étude de cette question si importante.

Le problème de la traction électrique des chemins de fer présente sur celui de la traction des tramways des difficultés de nature très sérieuse provenant d'une part de la beaucoup plus grande quantité d'énergie absorbée, causée par le poids à remorquer et la vitesse à atteindre et, d'autre part, des grandes distances à franchir.

Ces conditions spéciales ont conduit à l'étude de divers systèmes contenus dans le tableau ci-après ; ils sont répartis en deux catégories principales, suivant que la traction est réalisée par moteurs à courant continu ou par moteurs alternatifs monophasés ou triphasés. Les locomotives autonomes à accumulateurs ou du type Heilmann ont été laissées de côté comme ne rentrant pas dans le cadre de cette note.

Dans les systèmes du tableau ci-après, les moteurs ou locomotives reçoivent leur énergie d'une usine fixe.

Systèmes de courants qui sont ou peuvent être appliqués à la traction électrique des chemins de fer.

Iª. — TRACTION PAR MOTEURS A COURANT CONTINU A POTENTIEL CONSTANT
applicable jusqu'à 1.200 volts de tension aux moteurs.

	EXEMPLES	Longueur exploitée km.
1). Production directe du courant continu dans les usines.	La plupart des tramways. Grenoble-Chapareillan 2 × 600 v.	43
	La Mure exploité partiellement par l'électricité 2 × 1200 volts.	7
2). Production de courant alternatif, triphasé ou continu à intensité constante dans les usines et transformation en courant continu par transformateurs rotatifs ou commutatrices.		
a). Les transformateurs sont répartis le long de la ligne.	Montreux-Oberland bernois . .	62
	Milan - Galarate - Varèse - Porto Ceresio-Arona-Laveno	130
	Réseau de l'Indiana U.S.A . . .	236
b). Les transformateurs sont placés sur le train même.	Ligne en construction de Wettingen à Secbach (Suisse) . .	21

Iᵇ. — TRACTION PAR MOTEURS A COURANT CONTINU A INTENSITÉ CONSTANTE

II. — TRACTION PAR MOTEURS A COURANT TRIPHASÉ OU ALTERNATIF

	EXEMPLES	Longueur exploitée km.
1). Production directe du courant triphasé dans les usines à la tension des moteurs.	Ligne d'essai près de Berlin, locomotive avec moteurs à 10.000 volts	23
2). Production du courant triphasé à haute tension dans les usines et transformation à la tension des moteurs.		
a). Les transformateurs sont stationnaires et répartis le long de la voie.	Ligne Berthoud-Thoune	43
	» Stans-Engelberg.	
	» Lecco - Colico - Chiavenna-Sondrio.	106,3
b). Les transformateurs sont placés sur le train.	Ligne d'essai Zossen-Marienfeld, près Berlin	23
3). Même système que sous 2) mais avec courant monophasé.	Ligne en construction Washington-Baltimore-Anapolis . . .	73

EXEMPLES

I^a. — TRACTION PAR MOTEURS A COURANT CONTINU A POTENTIEL CONSTANT

1) Production directe du courant continu dans les usines.

Le système le plus simple dans lequel le courant continu est produit dans les usines sous la tension de 600 volts et distribué par feeders aux fils de contact ou à un troisième rail, est trop connu pour qu'il vaille la peine de s'y arrêter ; presque tous les tramways urbains l'utilisent depuis longtemps avec un très grand succès.

Comme la tension est beaucoup trop basse pour pouvoir transmettre économiquement à des distances suffisantes des intensités correspondant aux trains lourds, certains constructeurs ont recouru à une tension plus élevée, obtenue au moyen d'un système à trois fils dont le neutre est constitué par les rails. Il y a donc deux fils aériens dont la différence de tension est de 1.200 volts, tandis qu'entre fils et terre elle ne dépasse pas 600 volts. Les voitures automotrices portent deux moteurs branchés l'un entre le neutre, c'est-à-dire les rails et le pôle +, l'autre entre le neutre et le pôle —.

Comme exemple peut-être unique en son genre, on peut citer la ligne d'intérêt local Grenoble-Chapareillan, étudiée par la Compagnie de l'Industrie électrique de Genève et exécutée en 1899 par le Creusot qui était alors détenteur des brevets Thury.

En voici les données principales :

CHEMIN DE FER DE GRENOBLE A CHAPAREILLAN

But. — Moyens fréquents de communication de Grenoble à Chapareillan pour desservir les localités nombreuses qui se trouvent entre les deux points terminus ; transport de touristes.

Tracé. — Après sa sortie de Grenoble la ligne suit constamment la rive droite de l'Isère.

Altitude de Grenoble, point le plus bas. 212^m,
Altitude de Fléchère, point le plus haut. 423^m86

Différence . . . 211^m86

Déclivités maxima, 36 °/₀₀ et 40 °/₀₀.

Longueur totale de la ligne, 43 km.

Voie. — Ecartement : un mètre ; en ville, rails à ornière systèm ɔ Broca ; poids par mètre courant 40 kg. ; hors ville, rails à patin de 25 kg.

Grenoble-Chapareillan.
Fɪɢ. 1. — Usine génératrice de Lancey (extérieur).

Usine génératrice (fig. 1 et 2). — Située à environ 16 km. de Grenoble, dans la direction de Chapareillan ; chute de 450 mètres. Trois turbines-dynamos de 250 kw. et 600 volts chacune ; deux en

Grenoble-Chapareillan.

FIG. 2. — Usine génératrice de Lancey (vue intérieure).

service, une de réserve. Les deux machines en service sont accouplées en série ; les pôles extrêmes sont reliés aux deux fils de contact qui présentent ainsi une différence de tension de 1.200 volts ; le neutre est relié aux rails au moyen d'un câble en cuivre de 125 $^m/^2_m$ de section.

Grenoble-Chapareillan.

Fig. 3. — Feeder survolteur des Drageaux.

Alimentation. — Réalisée au moyen de trois feeders à forte perte (fig. 3) ; cette dernière est compensée dans chacun d'eux par un groupe survolteur composé d'un moteur à potentiel constant 1.200 volts et deux génératrices enroulées en série ; leur voltage étant ainsi à peu près proportionné à l'intensité débitée dans le feeder.

Ligne de contact (fig. 4). — Constituée par deux fils de 9 $^m/_m$ de diamètre écartés l'un de l'autre de 70 cm. ; elle est supportée par des poteaux à consoles métalliques ou par des fils tendeurs ancrés des deux côtés de la ligne.

Matériel roulant (fig. 6). — Voitures automotrices à deux essieux moteurs, trente six places ; poids à vide : 9,2 tonnes. Deux moteurs Thury de 35 HP branchés chacun entre les fils extrêmes et la terre. Trains composés de trois voitures ; freins à mains et électromagnétiques aux voitures automotrices et aux voitures remorquées.

Grenoble-Chapareillan.
Fig. 4. — Vue de la ligne. Croisement.

Grenoble-Chapareillan.
Fig. 5. — Vue de la ligne à Grenoble.

Poussant plus loin ce système à trois fils, la Compagnie de l'Industrie électrique et mécanique qui s'est fait une spécialité des machines à courant continu à très haute tension, a appliqué une tension double au chemin de fer de la Mure ; au lieu de 1.200 volts entre extrêmes elle a adopté 2.400 volts, le neutre étant ici également constitué par les rails.

CHEMIN DE FER DE LA MURE (Isère)

But. — Transport de charbon ; remorque de trains lourds à faible vitesse. Trafic très important entre la Motte-les-Bains et la Motte-d'Aveillans en raison du transport de l'anthracite ; c'est sur ce tronçon de 7 km. qu'a été introduite la traction électrique, jusqu'en août 1903, elle s'est faite par la vapeur.

Tracé. — Longueur du parcours électrique : 7 km. ; rampe continue de 25 °/_{oo}, courbe de 100 mètres de rayon.

Voie. - Écartement : 1 mètre.

Chemin de fer de la Mure

Fig. 6. — Génératrice double fournissant l'énergie à la locomotive de la Mure à la tension de 2.400 volts entre extrêmes.

Production de l'énergie. — Le courant est fourni par l'usine d'Avignonet, sur le Drac, à quelques kilomètres de la ligne. Une génératrice (fig. 6), à deux induits et deux inducteurs montés sur un

Chemin de fer de la Mure.

Fig. 7. — Locomotive de 500 HP en service sur la ligne de St-Georges de Commiers à la Mure.

bâti commun, a été construite spécialement en vue de cette exploitation ; elle fournit donc du courant à 2.500 volts ou mieux 2×1.250 volts ; puissance : 480 kw. inducteurs hypercompoundés pouvant élever la tension jusqu'à 2×1.350 volts.

Alimentation. — Formée de deux fils de 9 $^m/_m$ de diamètre ; fil de retour de 9 $^m/_m$.

Ligne de contact. — Constituée par deux fils de 12 $^m/_m$, supportés par des poteaux en bois et fils tendeurs à triple isolement.

Chemin de fer de la Mure.

Fig. 8. — Moteur de la locomotive.

Matériel roulant. — Une locomotive, puissance 500 HP (fig. 7), remorquant des trains de 120 tonnes à la vitesse de 22-23 kilomètres sur rampes de 25-27 $^o/_{oo}$.

Poids : 50 tonnes ; longueur entre tampons : 13^{m}800.

Les moteurs (fig. 8) sont à six pôles feuilletés fixés à la carcasse en acier coulé ; diamètre d'alésage 750 $^m/_m$, longueur : 200 $^m/_m$; graissage à huile et à bagues ; tension aux bornes des moteurs 1.200 volts ; deux moteurs sont branchés en série, l'un entre le pôle +

et la terre, l'autre entre le pôle — et la terre. La prise de courant se
fait au moyen de quatre archets, soit deux par pont.

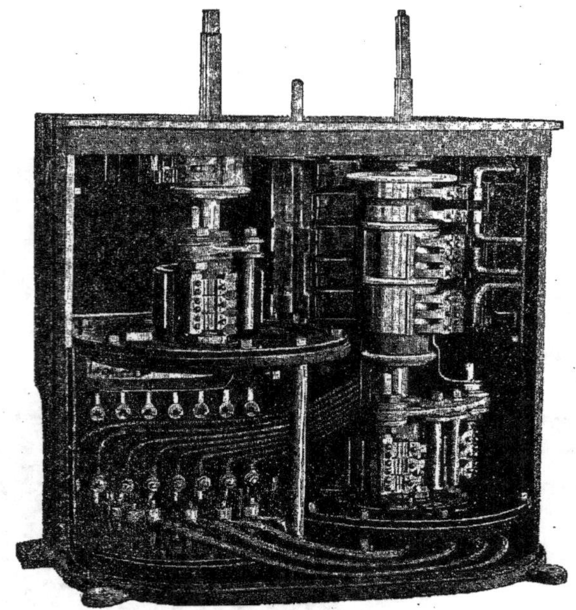

Chemin de fer de la Mure.

Fig. 9. — Appareil de mise en marche.

Mises en marche ou controllers (fig 9). A chaque extrémité de
la cabine se trouve une mise en marche; les deux sont couplées
mécaniquement et commandées à volonté de l'avant ou de l'arrière
de la cabine. Chaque mise en marche a deux manettes, l'une principale, l'autre multiplicative venant chaque fois intercaler la même
série de résistances entre deux touches consécutives de la manette
principale; on obtient ainsi avec deux manettes, l'une par exemple,
de douze touches, l'autre de huit, une mise en marche de quatre-
vingt-seize touches; ce grand nombre de touches est nécessité par la
haute tension du courant. La touche d'interruption est placée en
dehors de la mise en marche proprement dite, dans une boîte en
fonte, la rupture du courant se fait en plusieurs coupures et séries
dans un bassin d'huile.

Chaque appareil est muni d'un coupleur pour marche avant et arrière et frein dans les deux sens, mais ne peut être manœuvré que si le régulateur a été ramené au zéro. Les résistances sont placées également dans la cabine et permettent d'absorber à la descente le courant produit par le freinage électrique de la locomotive, les moteurs travaillant en génératrices.

Freins. — Indépendamment du freinage électrique la locomotive est pourvue de deux autres freins :

1° Un frein à vis agissant sur les quatre essieux.

2° Un frein à vide continu et modérable agissant sur les quatre essieux de la locomotive et sur tous les véhicules du train.

Un petit moteur série à 1.200 volts, d'une puissance de quatre chevaux actionne la pompe rotative et un appareil spécial permet la mise en marche de ce moteur et le réglage de la valve.

Cette installation permettra certainement de faire quelques expériences intéressantes sur ce système à trois fils, car le voltage maximum qu'on pourra atteindre dépendra du maximum admissible par moteur, c'est-à-dire de la perfection plus ou moins grande des isolements. On peut dès aujourd'hui entrevoir la possibilité de marcher à 6 000 volts entre fils de contact avec deux moteurs de 1.500 volts par pont, soit 3 000 volts entre fils et terre.

2). Production de courant alternatif ou triphasé dans les usines et transformation en courant continu par transformateurs rotatifs ou commutatrices.

a). LES TRANSFORMATEURS SONT RÉPARTIS LE LONG DE LA LIGNE. — Comme exemples de ce système nous choisirons la ligne qui relie Montreux à l'Oberland bernois, remarquable par les difficultés résultant des conditions du tracé et du trafic et le réseau de Milan-Varèse-Porto-Ceresio-Laveno, aujourd'hui un des plus importants comme extension et trafic en Europe.

MONTREUX-OBERLAND BERNOIS
Partie électrique de la Société d'électricité Alioth, à Bâle.

But. — Communications fréquentes surtout en été, entre les deux parties réputées parmi les plus grandioses de la Suisse, soit le lac Léman, la région de Montreux, Vevey, etc., et l'Oberland bernois ; transport de marchandises.

Tracé. — Montreux-Les Avants-Montbovon-Château d'Oex-Gessnay-Zweisimmen. (Partie achevée en exploitation à ce jour : Montreux-Montbovon).

Altitude du point le plus élevé : Saanen . 1.275^m,5
Altitude du point le plus bas : Montreux   397^m,9
Différence . . .   877^m,6

Déclivités maxima : 67 °/$_{00}$ et 70 °/$_{00}$; longueur totale de la ligne : 62 km. ; rayon minimum : 40 mètres.

Voie. — Rails de 24,3 kg. par mètre courant, écartement : 1 mètre.

Production de l'énergie. — L'énergie est fournie par l'usine de Montbovon, à laquelle celle de Hauterive peut servir de réserve. Montbovon possède quatre groupes de 1.200 HP et deux de 600, et alimente en outre le réseau fribourgeois de force et lumière. Courant triphasé 8.000 volts, 50 p'riodes

Transmission de l'énergie par feeders de trois fils de 6 $^m/_m$ de diamètre aboutissant aux sous-stations de transformation triphasé-continu. Le feeder qui alimente la station de Chamby passe par le col Jaman à 1.500 mètres d'altitude.

Stations de transformation au nombre de quatre, distantes entre elles de respectivement 15, 17, 19 km.

Sous-station de Chamby (fig. 10, 11, 12). — Trois groupes composés chacun de : un moteur asynchrone de 210 HP 8.000 volts actionnant une dynamo à courant continu de 140 kw., 750-1.000 volts ; une batterie d'accumulateurs Pollak de 368 ampères-heures.

Sous-station de Montbovon. — Trois groupes de un moteur asynchrone de 250 HP 8.000 volts actionnant une génératrice à courant continu de 170 kw., 750-1.000 volts, plus une batterie d'accumulateurs donnant normalement 360 kw. Les deux autres sous-stations seront de respectivement 520 et 680 kw.

Ligne de contact, composée de deux fils de 8 $^m/_m$ en cuivre étiré.

Lignes d'alimentation à section variable de 125 à 250 $^m/_m{^2}$, chute de tension en charge maxima à 18-20 °/$_0$; la ligne de contact et celle d'alimentation sont reliées environ tous les 200 mètres.

Retour par les rails, éclissage électrique, système H. Brown ; les deux files de rails sont reliées électriquement tous les 200 mètres par une barre de cuivre ; sur le parcours Châtelard-Chamby, câble de 150 $^m/_m{^2}$.

Matériel roulant (fig. 13 à 19). — Vu les fortes rampes, on a renoncé aux locomotives et adopté des voitures automotrices qui

Montreux-Oberland bernois. — Fɪɢ. 10. — Sous-station de Chamby et entrée du tunnel hélicoïdal.

Montreux-Oberland bernois. — Fig. 11. — Station transformatrice de Chamby.

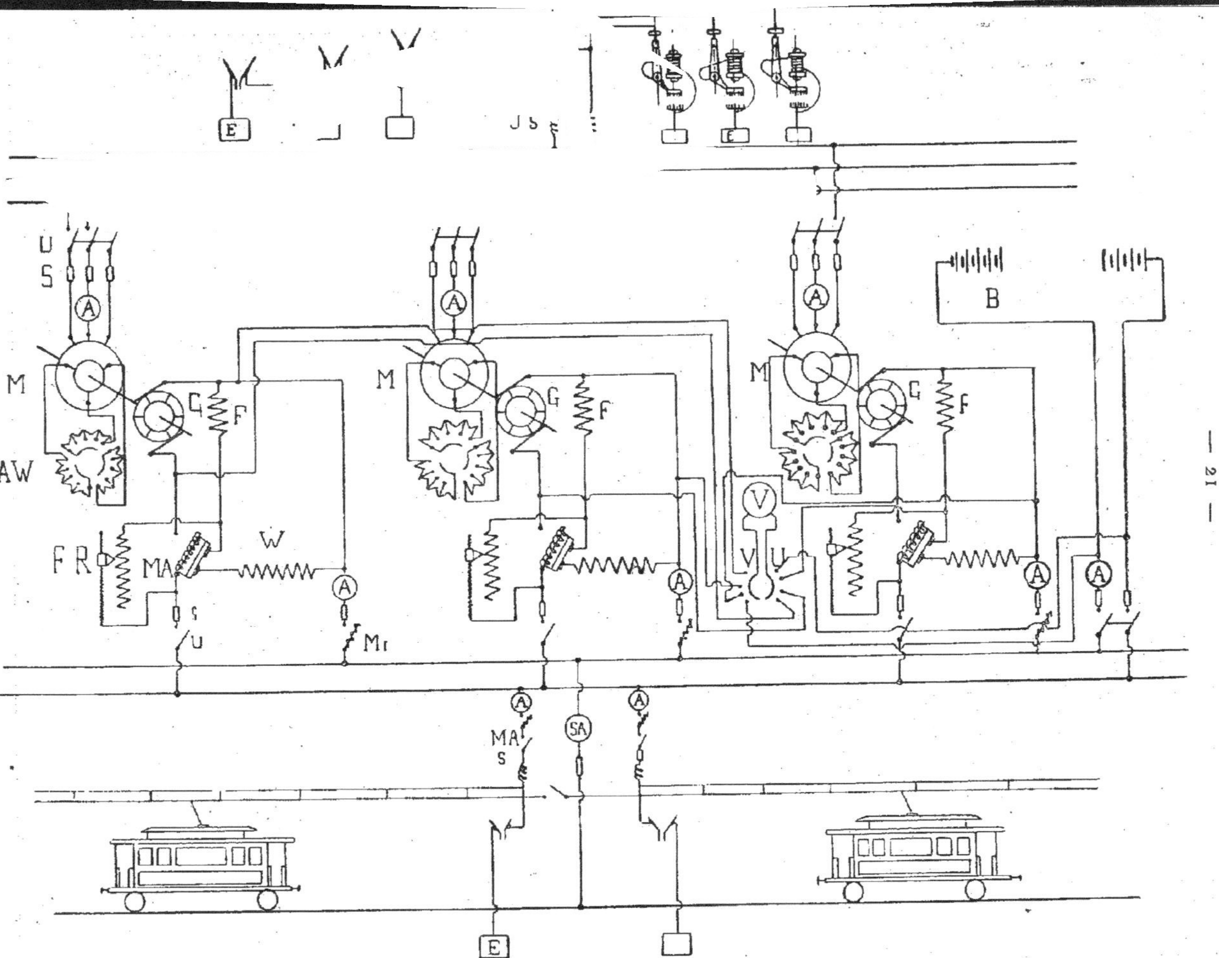
E
JS
U
S
A
M
G
F
AW
FR
MA
W
A
MI
U
S
B
M
A
G
F
A
M
G
F
V
V
U
A
A
MA
S
SA
A
E
Montreux-Oberland bernois. — FIG. 12. — Schéma de la station transformatrice de Chamby.

Montreux-Oberland bernois. — Fig. 13. — Train à la descente.

Montreux-Oberland bernois. — Fig. 14. — Voiture automotrice.

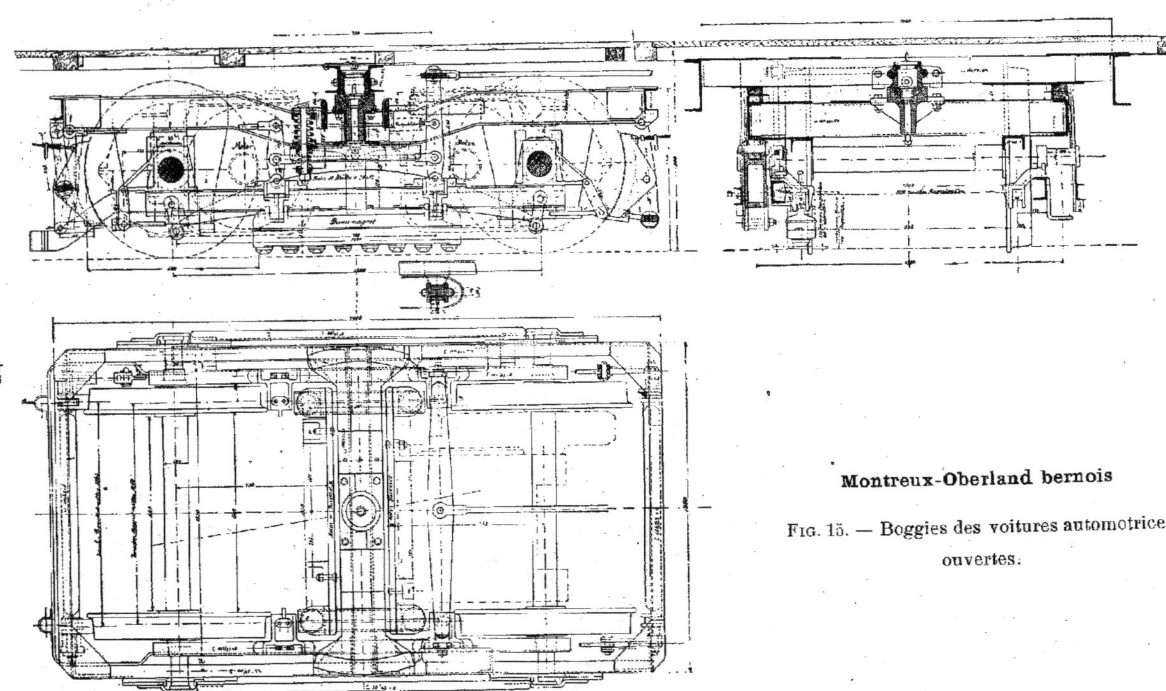

Montreux-Oberland bernois

Fig. 15. — Boggies des voitures automotrices
ouvertes.

Montreux-Oberland bernois. — Fig. 16. — Moteur de 65 HP (fermé).

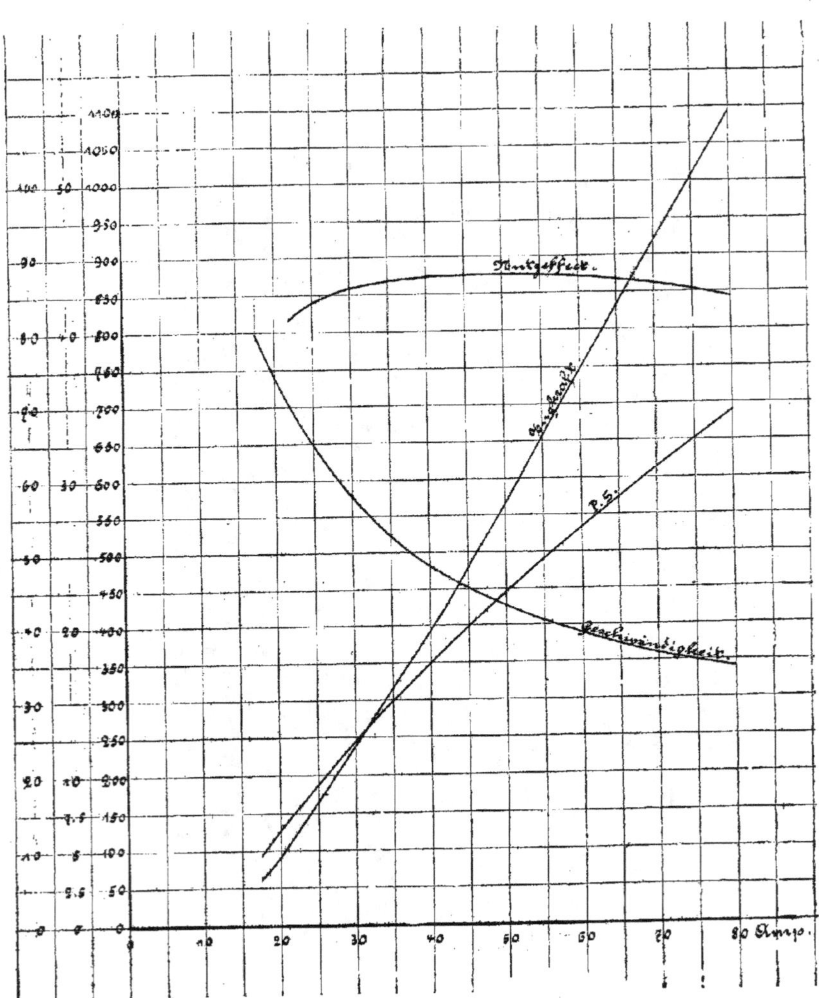

Montreux-Oberland bernois.

Fig. 17. — Courbes caractéristiques du moteur de 65 II P. Tension 750 v.
Diamètre de roues 840 m/m. Réduction 1: 4,33.

Montreux-Oberland bernois. — FIG. 18. — Train de trois wagons.

Montreux-Oberland bernois. — Fig. 19. — Boggies de voitures automotrices

peuvent faire de la remorque aux moments de grande affluence de voyageurs et circuler seules lorsque l'intensité du trafic diminue ; le poids mort est ainsi diminué d'environ 20 %.

En voici les données principales :

Nombre de places   52-56
Nombre de boggies   2
Nombre d'essieux   4
Longueur totale sur tampons . . 13^m68
Distance d'axe en axe des boggies. 8^m5o
Nombre de moteurs   4
Puissance par moteur . . . . .   65 HP (pouvant aller à 78 HP).
Puissance totale. . . . .   260 (max. 312 HP).
Vitesse de marche en rampe env.   19 km.
Vitesse maxima . . . .   40 »
Rapport des engrenages . . . .   1 : 4.33
Poids de la voiture à vide. . . .   22.500 kg.
   »   »   »   chargée . . .   26 400 »
Poids du moteur sans engrenages.   1.360 »
Poids mort par place. . . . . .   432 »

Composition ordinaire des trains : une automotrice et une voiture remorquée. Freins à mains, freins automatiques à vide, système Hardy, freins électromagnétiques, système Schiemann, agissant sur les rails, freins à court-circuit. Prise de courant : deux archets, genre Siemens et Halske, par voiture.

MILAN-GALLARATE-VARESE-PORTO CERESIO-LAVENO

Partie électrique de la Compagnie Thomson-Houston.

But. — Substitution de la traction électrique à la traction à vapeur pour combattre la concurrence faite par les tramways électriques et les chemins de fer vicinaux de la région.

Tracé. — Tronçon principal à double voie de Milan à Gallarate. (40 km.); de Gallarate partent trois embranchements : vers Arona, vers Porto-Ceresio par Varèse et vers Laveno ; longueur totale des trois embranchements : 90 km.

Déclivités maxima sur le tronçon principal 6 °/₀₀, courbes de 800 m. de rayon minimum ; pour les embranchements, déclivités maxima : 8 et 20 °/₀₀, courbes de 300 mètres.

Voie. — Écartement normal ; rails Vignole, poids : 45 kg. par mètre courant.

Usine génératrice. — Provisoirement à vapeur ; située à environ 11 km. de la voie ; l'énergie sera fournie plus tard par l'usine de Tornavento comprenant huit groupes de 1.100 HP. L'usine à vapeur contient trois groupes de 1.400 HP. pouvant être poussés à 2.000 HP, plus deux groupes d'excitation de 100 HP. Courant triphasé produit directement par les génératrices sous une tension de 13.000 volts ; vingt-cinq périodes.

Transmission de l'énergie. — Par une ligne à six fils de 4 et 6 $^m/_m$, tension : 13.000 volts.

Stations de transformation. — Actuellement au nombre de cinq ; distance moyenne : 15-16 km., chacune d'elles comprend sept transformateurs de 180 kw. abaissant la tension à 420 volts triphasé alimentant deux groupes convertisseurs rotatifs de 500 kw. transformant le triphasé en continu à 650 volts distribué au troisième rail.

Ligne de contact. — Sous forme de troisième rail isolé type Vignole 45 kg. au mètre courant porté tous les quatre mètres par un isolateur.

Matériel roulant. — Les voitures motrices comprennent soixante-quatorze places ; elles sont à deux boggies, leurs essieux écartés de 2^{m}20 ; les quatre essieux sont moteurs ; puissance normale d'un moteur : 70-75 HP, puissance maxima : 160 HP, puissance totale maxima : 640 HP. Les controllers sont du système série-parallèle ; poids des moteurs avec les engrenages : 2.500 kg.; poids total d'une voiture automotrice : 43 tonnes, poids d'une voiture remorquée: 20 tonnes, poids de la partie électrique : 13 tonnes.

Freins. — Frein à air comprimé, frein à main, frein électrique.

Composition normale des trains, une voiture motrice et une remorquée ; poids total : 80 tonnes, vitesse : 80 km.

Vingt voitures motrices, vingt remorques, toutes à quatre essieux.

b). LES TRANSFORMATEURS SONT PLACÉS SUR LA LOCOMOTIVE. — Ce système, préconisé par les ateliers d'Oerlikon (Suisse), sera appliqué pour la première fois sur la ligne de Wettingen à Seebach, canton d'Argovie (Suisse). Il a une certaine analogie avec la locomotive Heilmann, en ce sens que le courant continu est produit sur la locomotive elle-même, mais avec cette différence que la locomotive Heilmann est autonome et porte une véritable station centrale d'électricité, tandis que celle d'Oerlikon reçoit son énergie d'une usine fixe par ligne aérienne.

Les motifs qui ont guidé les ateliers d'Oerlikon dans l'élaboration de ce système peuvent se résumer comme suit :

1° La transformation de la traction à vapeur en traction électrique ne peut se réaliser que graduellement et pour qu'un système électrique quelconque puisse être adopté, il ne doit apporter aucune entrave ou limite à la composition des trains ou au trafic existant ; cette proposition conduit à prendre pour base les principes de l'exploitation actuelle et par conséquent de remplacer simplement la locomotive à vapeur par une locomotive électrique.

2° Pour arriver à des installations économiques, il faut élever de beaucoup la tension de la ligne de contact, ce qui interdit l'emploi du courant triphasé qui exige deux fils de contact très bien isolés l'un de l'autre.

Ceci posé, on arrive tout naturellement à la solution suivante :

Un courant alternatif monophasé à haute tension est amené par une ligne de contact aérienne à la locomotive, le retour s'effectuant par les rails ; ce courant alternatif à haute tension ne pouvant être utilisé pour les moteurs est transformé en courant basse tension par des transformateurs statiques, puis en courant continu au moyen de commutatrices ou mieux de moteurs-générateurs monophasés-continus ; c'est ce courant qui alimente les moteurs des essieux. Au lieu d'employer des résistances pour le démarrage et le réglage de la vitesse, comme on l'a fait jusqu'ici, les ateliers d'Oerlikon recourent à une excitatrice séparée pour l'excitation de la génératrice à courant continu, ce qui permet de varier dans de grandes limites le voltage de la génératrice et d'obtenir la graduation et la sécurité dans le réglage de la vitesse, du démarrage et du freinage.

M. Huber a donné comme poids d'une locomotive de 700 HP 44 tonnes dont 16 tonnes pour les transformateurs et excitatrices, ce qui paraît peu.

Les avantages principaux de ce système paraissent résider dans :

1° La simplicité de la ligne aérienne, de ses aiguillages et croisements ;

2° Dans le réglage parfait et simple de la vitesse des moteurs spécialement au démarrage ;

3° Dans le fait de pouvoir par une prise de courant *ad hoc* utiliser directement aussi du courant continu.

Dans les gares, par exemple, le courant continu étant amené par un troisième rail isolé, la locomotive manœuvrera par courant continu directement ; en pleine voie, par contre, elle recevra son énergie sous forme de courant alternatif-monophasé.

Les ateliers d'Oerlikon ont étudié une disposition spéciale de ligne aérienne et de prise de courant ; la ligne de contact est disposée à côté de la voie, à une hauteur convenable et en dehors du profil de la voiture ; le fil est porté par en-dessous ou latéralement, et la prise de courant s'effectue par l'intermédiaire d'une barre conductrice mobile.

I[b]. — TRACTION PAR MOTEURS A COURANT CONTINU A INTENSITÉ CONSTANTE

Il n'existe pas à notre connaissance d'installation importante basée sur ce système, sauf le petit tramway de Northfleet, en Angleterre. Il est cependant applicable et réalisable, et présenterait beaucoup d'avantages sur les autres systèmes appliqués jusqu'ici, surtout pour la traction sur des lignes très importantes et très longues. Il permet d'obtenir facilement de hautes tensions et par conséquent d'avoir des lignes économiques ; le moteur à intensité constante démarre dans d'excellentes conditions avec le torque maximum, tout en n'absorbant que le voltage nécessaire pour vaincre la résistance ohmique du moteur. Les effets d'impédance, de self-induction, etc., n'existent pas ; le réglage de la vitesse se fait d'une façon très simple en shuntant une partie de l'excitation de l'aimant, etc. Exprimons, en passant, l'espoir qu'un essai sur grande échelle soit bientôt réalisé.

II. — TRACTION PAR MOTEURS A COURANT TRIPHASÉ OU ALTERNATIF

1). **Production directe du courant triphasé dans les usines à la tension des moteurs.**

Exemple :

Locomotive avec moteurs à 10.000 volts de la ligne d'essai de Zossen à Marienfelde, construite par la Société anonyme Siemens et Halske.

Cette locomotive rentrant dans la série des essais faits sur la ligne de Zossen à Marienfelde, auxquels nous consacrons un chapitre spécial, nous y reviendrons plus loin.

2). Production de courant triphasé à haute tension dans l'usine génératrice et transformation à la tension des moteurs.

a). Les transformateurs sont stationnaires et répartis le long de la voie.

Exemple :

CHEMIN DE FER BERTHOUD-THOUNE
Construit par la Société Brown Boveri et Cie, Baden.

Berthoud-Thoune.

Fig. 20. — Station transformatrice.

But. — Communication la plus directe entre le Nord et l'Est de la Suisse, d'une part, et l'Oberland bernois, d'autre part, en évitant le crochet par Berne. Chemin de fer de touristes et d'intérêt local, transport de marchandises.

Tracé. — Stations principales : Berthoud, Oberburg, Häsli, Walkringen, Gross-Höchstetten, Konolfingen, Diessbach, Thoune.

Point culminant de la ligne . . . . 770^m5o
Point le plus bas de la ligne . . . . 535^m

Différence. . . 235^m5o

Déclivité maxima : $25\ ^o/_{oo}$, longueur totale de la ligne : 40 km. 280.

Voie. — Rails Vignole, poids par mètre courant : **36 kgs.** ; écartement : 1^m435.

Berthoud-Thoune.

Fig. 21. — Station de transformation.

Usine génératrice. — Située à environ 10 km. du point terminus de Thoune et à 5o km. de Berthoud. Chute de 63 mètres, six unités de 900 HP triphasé 4.000 volts, 40 ⌇ élevé à 16.000 volts par transformateurs statiques.

Ligne à haute tension. — 16.000 volts, composée de trois fils de 5 $^m/_m$ de diamètre, suit le tracé de la voie et alimente de distance en distance les stations de transformation.

Stations de transformation (fig. 20-21). — Au nombre de quatorze, à des distances l'une de l'autre variant de 2,4 à 3,4 km. ; distance moyenne : 3 km. Chaque station comprend un transformateur triphasé, d'une puissance maxima de 450 kw. ; rapport de transformation : $\dfrac{16.000.}{750}$ Des trois bornes de transformateurs, deux phases vont aux deux fils d'alimentation, eux-mêmes reliés aux fils de contact, la troisième est connectée aux rails.

Ligne de contact (fig. 22-23). — Composée de deux fils de cuivre étiré de 8 $^m/_m$ de diam. suspendus à des fils transversaux : tension : 750 volts.

Matériel roulant. — *a).* Voitures automotrices (fig. 24-27) pour le transport des voyageurs.

Données principales :

Nombre de places	66
Nombre d'essieux	4
Distance d'axe en axe des boggies	9^{m}50
Longueur entre tampons	16^{m}30
Nombre de moteurs	4
Puissance par moteur	60 HP.
Puissance totale	240
Vitesse de marche	36 km. à l'heure.
Rapport des engrenages réducteurs de vitesse	1/3
Tare totale	32 tonnes.
Poids du wagon seul	22 »
Poids de l'équipement électrique	10 »
Poids d'un moteur	1.500 kg.

Composition des trains ordinaires : une voiture automotrice et une voiture remorquée ; en cas de surabondance de voyageurs, deux trains semblables peuvent être accouplés l'un à l'autre pour transporter 280 personnes.

Berthoud-Thoune.

Fig. 22. — Disposition de la ligne de contact dans une station à trois voies.

Berthoud-Thoune.

Fig. 23. — Disposition de la ligne de contact, aiguillage simple.

Berthoud-Thoune.

Fig. 24. — Voiture automotrice avec remorque.

Berthoud-Thoune.

Fig. 25. — Boggie pour voiture automotrice.

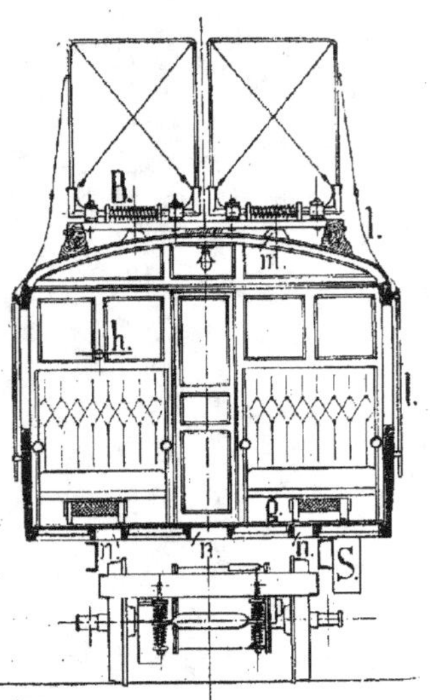

Berthoud-Thoune.

Fig. 26. — Coupe à travers un coupé de 2me classe.

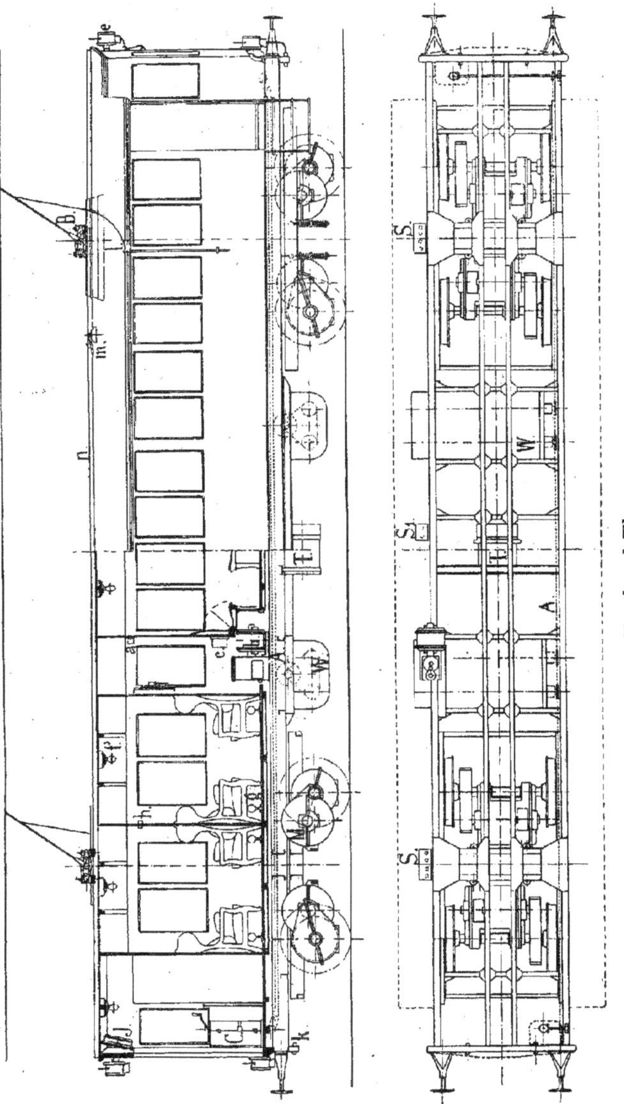

Berthoud-Thoune.

Fig. 27. — Vue de côté et plan d'une voiture automotrice 1/100.

b). LOCOMOTIVES (fig. 28-31). — Leur châssis est semblable à celui d'une locomotive à vapeur ; il en est de même des boîtes à graisse des essieux, du mode de suspension par ressorts et du frein. Les deux électromoteurs d'une puissance de 150 HP chacun, sont montés

Berthoud-Thoune.

FIG. 28. — Locomotive électrique pour train de marchandises.

aux extrémités d'un même arbre qui tourne dans de forts paliers boulonnés au châssis au milieu de l'intervalle des deux essieux adhérents. Ces paliers sont à graissage automatique ; ils sont particulièrement longs et forts, parce que les rotors sont disposés en porte-à-faux sur l'arbre. Deux pignons dentés sont fous sur l'arbre ; l'un ou l'autre d'entre eux peut être entraîné avec l'arbre par l'embrayage d'un manchon à griffes. Ces pignons engrènent avec des roues dentées, calées sur un arbre de renvoi intermédiaire. Un des engrenages réduit la vitesse dans le rapport de 1 à 1,88, ce qui correspond pour le train à une vitesse de 36 kil. à l'heure ; l'autre a un rapport de réduction plus grand 1 : 3,72 qui correspond à la plus petite vitesse.

De l'arbre intermédiaire, la puissance est transmise aux essieux par bielles. Le diamètre des roues motrices est de $1.230\ ^m/_m$; le nombre de tours des moteurs est de 300 par minute. La partie fixe des moteurs, le stator, est boulonnée aux châssis d'une part et d'autre part aux supports des paliers de l'arbre commun.

Berthoud-Thoune.

Fig. 29. — Locomotive à courants triphasés. (Controller).

Pour régler la vitesse au démarrage, on se sert d'une résistance commune aux deux moteurs commandée par l'un ou l'autre des contrôleurs.

Freins Westinghouse dont la pompe à air est actionnée par un moteur électrique, et freins ordinaires à main.

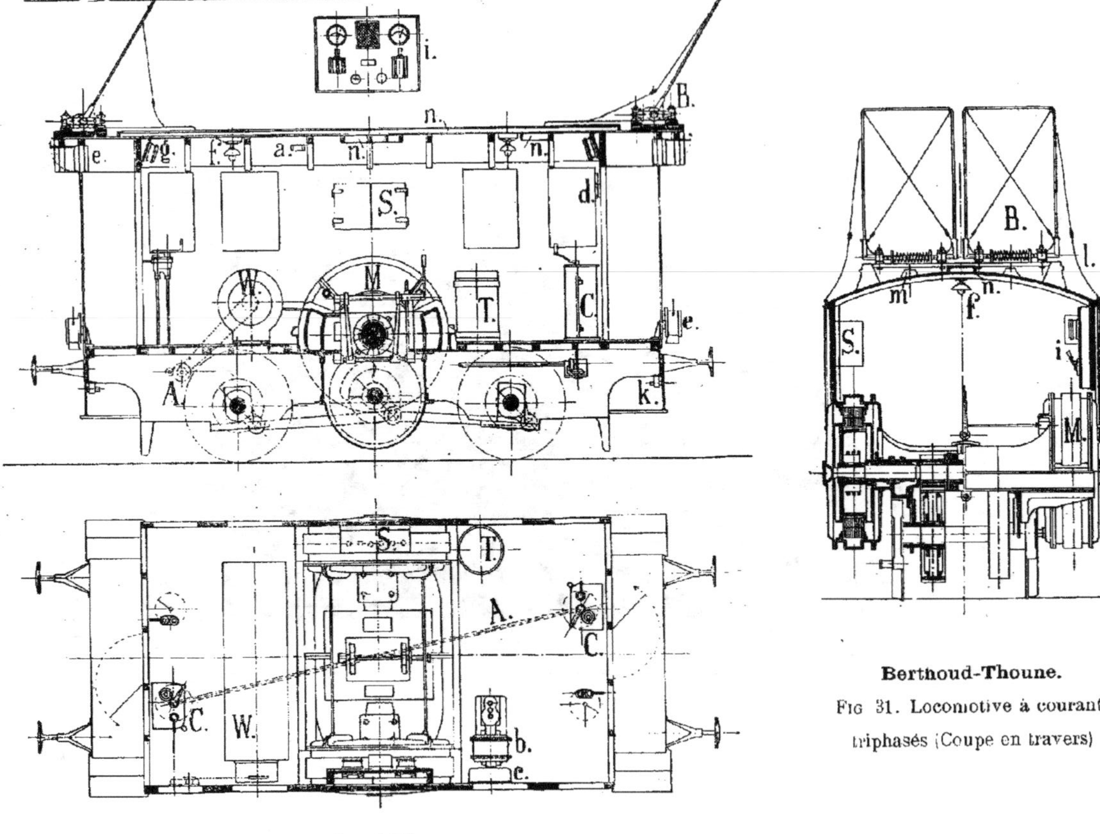

Berthoud-Thoune.

Fig. 30. — Locomotive à courants triphasés (coupe en long et en plan).

Berthoud-Thoune.

Fig 31. Locomotive à courants triphasés (Coupe en travers)

Voici les chiffres principaux relatifs aux locomotives :

Nombre des essieux 2
Distance des essieux . . . . 3^m14
Longueur entre tampons . . . . . 7^m80
Nombre des moteurs 2
Puissance par moteur . . . . . . 150 HP.
Puissance totale. . . . . 300 HP.
Tension aux bornes des moteurs . . . 750 volts.
Nombre de tours 300
Rapports de réduction des engrenages . 1/1,88 et 1/3,72
Diamètre des roues motrices . . . . 1.230 $^m/_m$
Tare totale . . . . 29,6 tonnes.
Poids de l'équipement électrique . . . 10 »
Poids d'un moteur . . . . 4 »

Prises de courant pour voitures et locomotives formées par quatre archets par véhicule.

Autre exemple chemin de fer de :

2). LECCO-COLICO-SONDRIO-CHIAVENNA

construit par la maison Ganz et Cte, à Budapest. — Système analogue à celui du chemin de fer Berthoud-Thoune.

But. — Substitution de la traction électrique à la traction à vapeur sur les lignes de la Valteline.

Tracé. — Rive gauche du lac de Côme de Lecco à Colico ; à Colicco la ligne se bifurque, d'une part dans la vallée de la Valteline jusqu'à Sondrio, et d'autre part vers le nord jusqu'à Chiavenna.

Lecco-Colico . . . . 38,95 Km.
Colico-Sandrio . . . . 40,79 »
Colico-Chiavenna. . . . . . . 25,57 »

Total . . . . . 106,31 »

Déclivité maxima : environ 20 °/₀₀.

Voie. — Ecartement normal.

Usine génératrice.— Située à Morbegno, entre Colico et Sondrio à environ 15,4 km. de Colico ; chute : 35 mètres, débit minimum : 25^{m3} ; puissance minima 7.500 HP ; quatre groupes de 1.560 à 2.000 HP. Courant triphasé, tension : 2.000 volts, 15 ⌁.

Ligne à haute tension. — De Morbegno à Castione, direction de Sondrio trois fils de 7 $^m/_m$; de Morbegno à Colico, trois fils de 8 $^m/_m$;

de Colico vers Chiavenna d'une part et vers Lecco d'autre part, trois fils de 7 $^m/_m$.

Stations de transformation. — Au nombre de dix, contenant chacune un transformateur de 300 KV-A ; tension de 20.000/3.000.

Ligne de contact. — Composée de deux fils de 8 $^m/_m$ de diamètre, deux phases reliées aux fils de contact, tension entre phases : 3.000 volts, la troisième est reliée aux rails.

Traction. — S'effectue par voitures automotrices pour les trains de voyageurs et par locomotives pour les trains de marchandises.

Matériel roulant. — *a*). Voitures automotrices à deux boggies, deux essieux par boggie ; chaque boggie est actionné par un moteur triphasé à haute tension 3.000 volts et un moteur à basse tension ; l'inducteur est fixé au boggie, l'induit est monté sur un cylindre creux dans l'intérieur duquel tourne l'essieu ; l'attaque se fait par un accouplement à bielles qui permet le jeu des ressorts de la voiture. Electriquement les deux moteurs sont montés en cascade ; le courant induit dans le rotor du premier moteur est envoyé dans le stator du second, ce qui réduit la vitesse de moitié ; pour le démarrage et la marche à faible vitesse, les moteurs sont branchés en cascade ; pour la marche à grande vitesse, par contre, les moteurs à haute tension sont seuls en circuit.

La puissance des moteurs est suffisante pour que les voitures automotrices puissent remorquer cinq à sept voitures ordinaires de 10 à 12 tonnes ; vitesse de marche : 65 km. Poids des automotrices : 53 tonnes ; nombre 10. Prise de courant formée par deux archets doubles. Freins à main et freins Westinghouse ; pompe à air actionnée par moteur électrique.

b). Locomotives à deux boggies, à deux essieux par boggie ; chaque essieu est actionné par un moteur de 150 HP à haute tension 3.000 volts ; construction et accouplement identiques à ceux des voitures automotrices, les moteurs peuvent travailler ensemble ou séparément. Puissance totale : 600 HP. Longueur entre deux tampons : 10^{m}306. Diamètre des roues motrices : 1.396 $^m/_m$. Poids : 56 tonnes. Prise de courant par deux archets doubles, un pour chaque direction. Les locomotives peuvent remorquer des trains de voyageurs de 250 tonnes à 60-70 km. à l'heure, ou des trains de marchandises de 400 tonnes à 30-35 km. à l'heure sur des rampes de 10 $^o/_{oo}$.

Expériences de la Société Siemens et Halske et de la Société d'Études pour la traction électrique des chemins de fer à grande vitesse à Berlin.

M. l'Ingénieur W. Reichel a publié plusieurs travaux remarquables sur les essais faits par la Société Siemens et Halske à Berlin, pour se rendre compte de la possibilité d'exploiter de grandes lignes de chemins de fer par courant triphasé à haute tension. Ces essais et expériences sont intéressants à plusieurs points de vue et il n'est pas inutile d'en donner ici un résumé succinct.

C'est en novembre 1897, que la Société Siemens et Halske établit son programme d'essais, comportant :

1º Essai de l'équipement électrique des véhicules marchant à des vitesses allant jusqu'à 60 km. à l'heure et utilisant des courants de tension poussée jusqu'à 10.000 volts.

2º Essais de divers systèmes de prises de courant, établissement d'un système de ligne de contact avec croisements, courbes, etc , appareils et mesures de sécurité à prendre contre la rupture de fils, etc.

La première ligne d'essai d'une longueur de 3 km. fut établie sur le territoire des communes de Gross-Lichterfelde et Zehlendorf.

La ligne de contact fut d'abord construite de telle manière que les trois fils aériens conduisant les trois phases étaient placés les uns au-dessus des autres, mais non dans le même plan vertical ; la prise de courant se faisait depuis dessus par des bras coudés en cuivre de différentes longueurs, placés à la hauteur des trois fils.

Cette disposition fut abandonnée et remplacée par celle qui a servi de modèle à la ligne d'essais Zossen-Marienfelde, et dans laquelle les trois fils superposés étaient situés dans le même plan vertical ; la prise de courant se faisait par le côté, par trois archets de différentes longueurs.

La machine génératrice servant aux essais, portait un bobinage, permettant de produire à volonté du courant triphasé sous une tension de 750, 2.000 ou 10.000 volts; les moteurs de la locomotive d'essais avaient chacun deux inducteurs, les uns bobinés pour recevoir du courant à 750 volts, les autres du courant à 2.000 volts. Lorsque la ligne de contact était alimentée par du courant à 10.000 volts, ce dernier était transformé en 750 volts sur la locomotive par des transformateurs statiques $\frac{10.000}{750}$.

Les résultats acquis par cette première série d'essais ont démontré qu'on peut prendre de la ligne aérienne de contact des courants de tension de 2.000 et 10.000 volts ; pendant les courses faites avec du courant à 10.000 volts, les archets se sont mieux comportés qu'avec du courant à basse tension. En outre, la disposition de la ligne de contact adoptée en dernier lieu, semble pouvoir être utilisée avec succès pour des lignes transportant des courants à très haute tension ; par contre, elle n'a pas donné une démonstration pratique de la façon dont elle se comporterait s'il devait y avoir de nombreux croisements ; elle paraît s'adapter surtout aux cas de longues lignes droites à voie double, où les trains circuleraient tous dans le même sens sur une des voies et en sens inverse sur l'autre.

Entre temps s'était formée, à Berlin, la *Société d'Études pour la traction électrique des chemins de fer à grande vitesse*, dont font partie plusieurs maisons de banques importantes, des industriels tels que les maisons Krupp et Borsig, et les deux plus fortes maisons allemandes de constructions électriques, la Société Siemens et Halske et l'Allgemeine Elektricitäts Gesellschaft (A. E. G.).

Le *but* que poursuit cette société, appuyée par le gouvernement allemand, est exprimé dans le programme que son comité a posé aux deux maisons de constructions électriques sus-nommées pour la fourniture de deux voitures automotrices ; en voici les points principaux :

1° Les essais seront faits sur la ligne militaire de Zossen à Marienfelde, longueur : 23 km. ; rayon minimum des courbes: 1.000 mètres. Voie posée sur des traverses en bois, poids des rails : 33 kg. par mètre courant.

2° Nombre de places dans les voitures : 50.

3° Les voitures seront à deux boggies (fig. 33-35), à trois essieux chacun ; charge maxima : 16 tonnes par essieu, soit au total : 96 tonnes.

4° L'énergie électrique sera fournie sous forme de courants triphasés 40-50 ∿, tension : 10.000 volts.

5° Le réglage de la vitesse et la commande des appareils doivent pouvoir se faire depuis les deux extrémités des voitures.

6° La vitesse sera de 200-220 km. à l'heure ; l'équipement électrique doit être calculé de façon à supporter un trajet continu de 250 km., sans échauffement anormal.

7° Le démarrage et le freinage doivent être suffisamment rapides pour que le parcours fait en vitesse normale soit d'environ 10 km. (3′ environ), de manière à laisser un temps suffisant pour les observations.

Le premier pas à faire par les constructeurs était de calculer la puissance nécessaire pour remplir les conditions du programme. Si le calcul de la résistance au roulement ne présentait pas de difficultés, il n'en était pas de même de la résistance de l'air ; les formules établies jusqu'alors se rapportaient à des vitesses ne dépassant pas 100 km., et donnaient pour les vitesses de 200-220 prescrites, des valeurs beaucoup trop élevées. La résistance totale calculée par la formule de Grove et Clarck, était telle, qu'il fallait 3.000 HP pour maintenir la voiture en vitesse de 200-220 km.

La Société Siemens et Kalske procéda donc à des expériences d'atelier ayant pour but de déterminer la résistance offerte à un corps ayant la forme d'un parallélipipède à section dodécagonale (fig. 32), longueur 1^m200, largeur 600 $^m/_m$, fixé à l'extrémité d'une poutre horizontale tournant autour d'un axe passant par son milieu. A la vitesse de 55 mètres par seconde, la résistance fut trouvée égale à 90 kg. par m² ; pour les 10 m² de surface que présente le devant du wagon, la résistance est donc d'environ 900 kg et l'énergie totale absorbée par la marche de la voiture à 200 km. est de 1.000 chevaux au lieu de 3.000 trouvés par les anciennes formules.

La seconde donnée pour la détermination de la partie électrique était le poids maximum fixé à 16 tonnes par essieu. Après quelques tâtonnements et l'établissement de plusieurs avant-projets, le poids fut réparti de la façon suivante :

Poids du wagon avec ses deux boggies . .	48.000 kg.
Moteurs avec leurs suspensions	16.300 »
Appareillage, câbles, etc.	4.750 »
Gros transformateurs avec leurs suspensions.	12.300 »
Pompes à air.	1.000 »
Petits transformateurs pour les dites . . .	650 »
Prises de courant, archets	1.300 »
Éclairage avec batterie	500 »
Imprévu	600 »
Total pour le wagon et son équipement.	90.500 kg.
50 personnes à 80 kg.	4.000 »
TOTAL. . .	94.500 kg.

Nous passons sous silence la construction de la partie mécanique, c'est-à-dire la disposition du wagon même. Pour la partie électrique, les constructeurs sont partis de l'idée d'obtenir en premier lieu la sécurité des voyageurs et du personnel ; puis de disposer l'équipement électrique de manière à faciliter le service, le montage et le démontage, à augmenter la sécurité d'exploitation, de sorte qu'en cas d'accident à une partie quelconque, les autres puissent continuer à fonctionner.

Zossen-Marienfelde.

FIG. 32. — Expériences pour déterminer la résistance de l'air.

Ils sont ainsi arrivés à la disposition suivante tracée en grandes lignes :

1º Les conduites, câbles, etc., seront placés sous la voiture ;

2º Les appareils ne seront pas actionnés directement par la main du conducteur, mais indirectement par une source d'énergie telle que l'air comprimé qui est déjà disponible pour les freins ;

3º Tout l'équipement sera réparti en deux unités complètes composées chacune de :

a). Deux moteurs avec deux démarreurs et deux résistances, deux interrupteurs, deux coupe-circuits.

b). Un grand transformateur pouvant être couplé en triangle ou en étoile par des interrupteurs spéciaux, interrupteur à haute tension et coupe-circuits.

c). Une pompe à air avec petit transformateur et coupe-circuits.

d). Un archet.

e). Une cabine de conducteur avec les robinets à air et appareils de mesure.

Les moteurs seront calculés pour développer ensemble 1.000 HP, donc 250 par moteur ; cependant, pour raccourcir autant que possible la durée du démarrage, ils doivent pouvoir être poussés jusqu'à 3.000 HP au total. La tension du courant envoyé au moteur est fixée à 1.850 volts au démarrage et 1.150 volts en marche normale ; le réglage du courant se fera par résistances enlevées graduellement jusqu'à ce que l'induit soit complètement en court-circuit.

Disons maintenant en quelques mots comment les diverses parties de ce programme ont été réalisées.

Les moteurs de la Société Siemens et Kalske sont à 6 pôles (fig. 34) et tournent à 900 tours pour atteindre la vitesse prescrite avec des roues de 1.250 $^m/_m$ de diamètre ; ceci permet d'actionner l'essieu directement sans recourir à des engrenages ; la partie mobile peut être montée ou directement sur l'essieu, ou sur un fourreau ayant un diamètre d'alésage plus grand que celui de l'essieu et actionnant celui-ci au moyen d'un accouplement élastique ; la première disposition a été adoptée par la Société Siemens et Halske, la seconde par l'A. E. G.

La Société Siemens et Halske a préféré fixer à chaud la partie mobile sur l'essieu, parce qu'elle craignait qu'avec le fourreau la vitesse ne fût trop grande dans les coussinets et que le déplacement de l'arbre par rapport au fourreau n'occasionnât, par suite de la suspension à ressorts, des troubles dans la marche des moteurs.

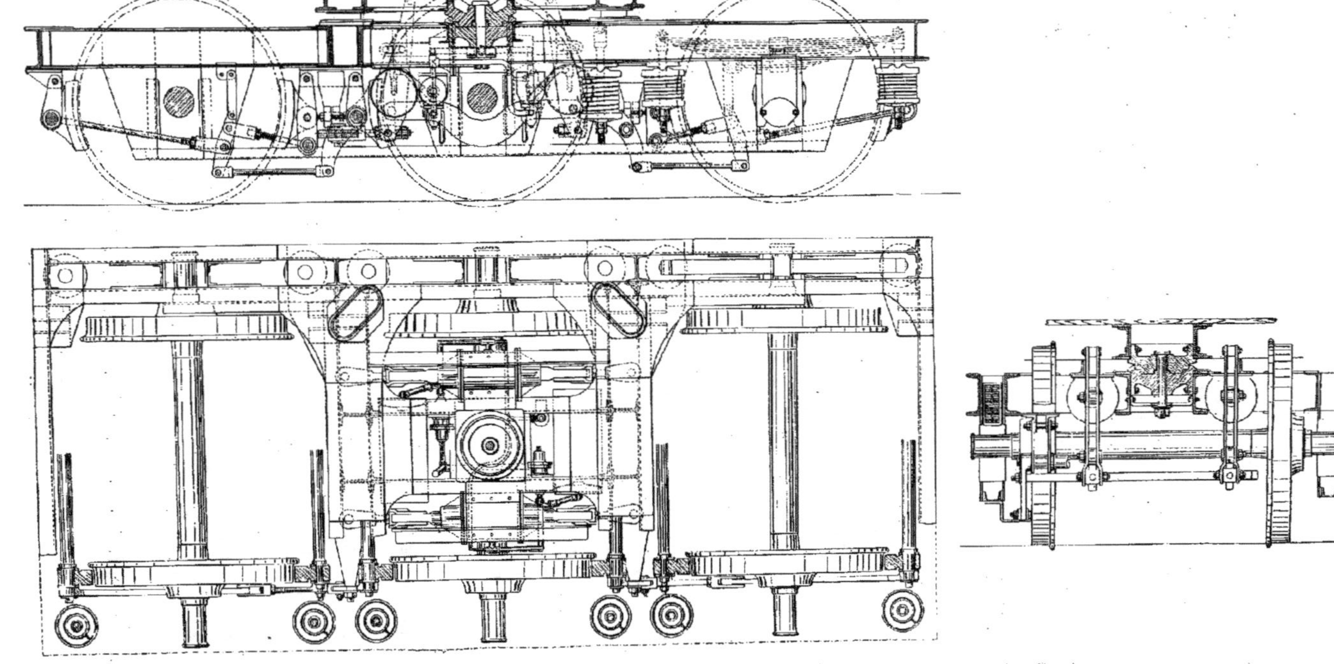

Zossen-Marienfelde. — Fig. 33. — Boggie de la voiture Siemens et Halske.

Zossen-Marienfelde. — Fig. 34. — Coupe en long d'un moteur.

La partie mobile a un diamètre de 780 $^m/_m$ et une longueur de 320 $^m/_m$; le nombre d'alvéoles est de soixante-douze, tandis que celui de la partie fixe est de quatre-vingt-dix ; le bobinage de la partie mobile est réalisé au moyen de barres de cuivre et constitue l'inducteur qui reçoit le courant primaire de 1.850 ou 1.150 volts au moyen de trois bagues avec frotteurs en charbon.

Zossen-Marienfelde.

Fig. 35. — Boggie.

Les paliers ont le graissage à huile avec mèche ; il s'est bien comporté.

Appareils de mise en marche et résistances (fig. 36). — La puissance des moteurs au moment du démarrage étant de 750 HP et en vitesse de 250 HP, l'appareil de mise en marche et la résistance doivent être dimensionnés et subdivisés de telle façon que le passage d'une touche à l'autre se fasse sans étincelle trop forte ; dans l'appareil de Siemens et Halske, chaque touche correspondait à 20 HP. Les résistances ont été réparties le long du wagon dans des compartiments placés au-dessous des fenêtres et auxquels des ouvertures en forme de jalousies ont été aménagées pour la ventilation.

Les cylindres de mise en marche ont été placés immédiatement au-dessous des résistances, de façon à éviter de longs câbles de connexion, ils sont arrangés de manière que les quatre moteurs ne soient pas branchés simultanément, mais successivement, afin de ne pas provoquer un à-coup de courant trop violent sur l'usine génératrice.

Zossen-Marienfelde.

Fɪɢ 36. — Résistance de mise en marche.

Les transformateurs (fig. 37) triphasés ont leurs trois noyaux dans le même plan et ont été placés horizontalement sous le plancher de la voiture, dans le grand axe de celle-ci. Les noyaux sont formés de paquets de tôle entre lesquels des canaux d'air ont été ménagés pour obtenir une ventilation énergique ; ils sont serrés entre de fortes plaques en acier coulé reliées entre elles par des fers à ⊔ qui servent de suspensions au transformateur.

L'enroulement primaire est réparti sur plusieurs bobines séparées

Zossen-Marienfelde.

Fɪɢ. 37. — Transformateur.

les unes des autres par des parois isolantes, tandis que l'enroulement secondaire est constitué par une seule bobine isolée du noyau par un tube en mica ; les deux enroulements sont également isolés les uns des autres par de forts tubes en mica.

Appareillage — Les interrupteurs à haute tension (fig. 38, 39), ainsi que ceux à tension moyenne (fig. 40) sont des interrupteurs à tubes. Le courant amené par les archets pénètre dans les interrupteurs à haute tension montés à mi-hauteur sur le toit de la voiture et en ressort pour aller aux fusibles haute tension et de là aux transformateurs ; l'interrupteur se compose de six tubes, le courant de chaque phase est donc interrompu deux fois à chaque ouverture de l'interrupteur. Les tubes d'entrée sont montés en face des tubes de sortie par deux séries de trois parallèles l'une à l'autre. L'interrupteur est manœuvré par un piston à air comprimé placé au bas de la tige de l'interrupteur, le déclanchement est rendu brusque par un système de ressorts.

Dans les interrupteurs à tension moyenne, les six tubes sont disposés sur un cercle dont le centre est occupé par le piston de manœuvre à air comprimé ; il y a donc également double interruption sur chaque phase.

Zossen-Marienfelde.

FIG. 39. — Interrupteur à tension moyenne.

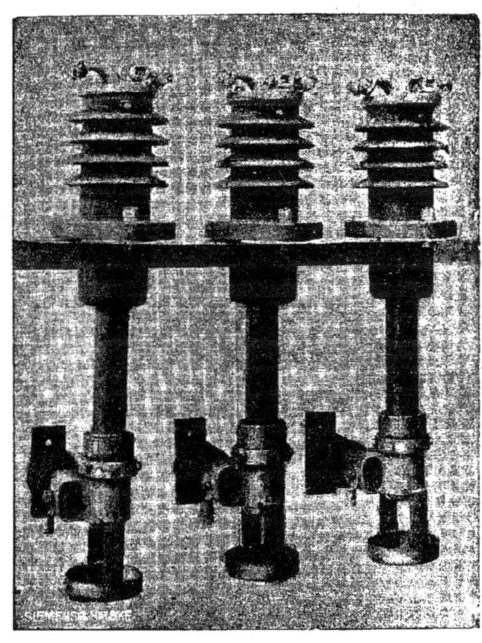

Zossen-Marienfelde.

FIG. 38. — Interrupteur à haute tension.

Zossen-Marienfelde.

Fig. 40. — Interrupteur à haute tension.

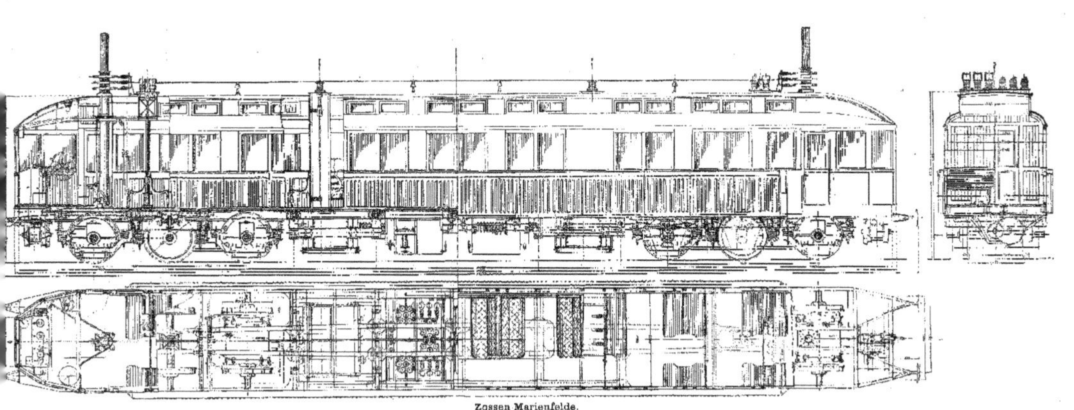

Fig. 41. — Coupe et vue de la voiture complète.

Chaque transformateur est muni de deux interrupteurs, dont l'un donne le couplage en triangle, l'autre le couplage en étoile au moyen desquels on obtient les tensions de 1 150 et 1.850 volts. Chaque moteur a son interrupteur et ses fusibles, de sorte qu'il y a quatre interrupteurs à tension moyenne par unité ; par cette combinaison, un moteur quelconque peut être mis hors service sans gêner la marche des autres.

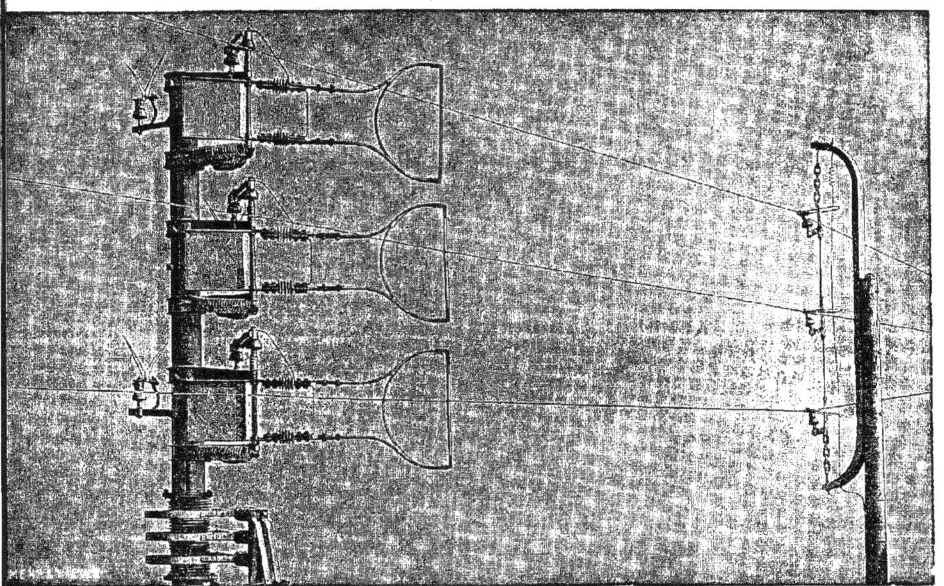

Zossen-Marienfelde.

Fig. 42. — Archets de prise de courant.

Prises de courant (fig. 41, 42). — A chaque extrémité de la voiture se trouve un mât passant par la cabine du conducteur et dépassant de plusieurs mètres le toit de la voiture ; chacun de ces deux mâts porte trois archets montés horizontalement, par conséquent avec frotteurs verticaux, à environ un mètre de distance moyenne les uns des autres. Pour équilibrer la pression de l'air sur ces archets, les montants de ces derniers sont prolongés au-delà de leur axe de rotation et portent une palette sur laquelle l'air exerce une pression qui tend à ramener l'archet contre le fil de contact ; des ressorts à boudin agissent dans le même sens que les palettes et maintiennent les archets contre le fil lorsque la voiture est au repos.

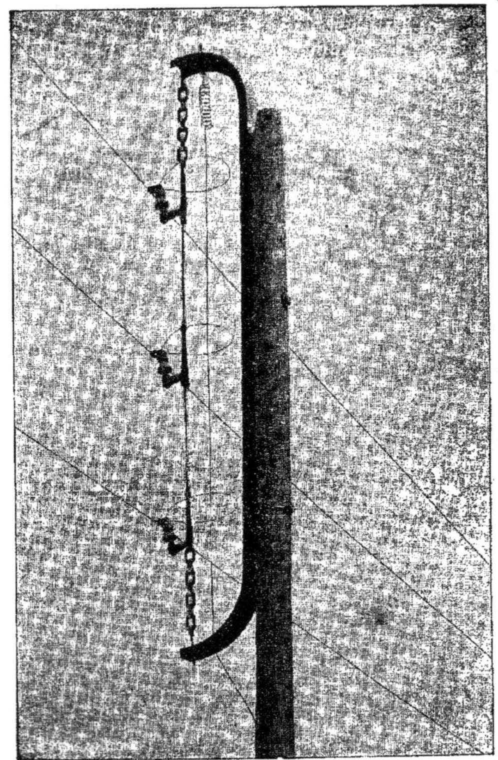

Zossen-Marienfelde.

Fig. 43. — Poteau et suspension des fils de contact.

La ligne de contact (fig. 43 à 45) est portée par des poteaux en bois à environ 35 mètres les uns des autres ; les trois fils de 100 $^m/_{m^2}$ sont dans le même plan vertical à environ un mètre d'axe en axe, le fil le plus bas étant à 5^{m}5o au-dessus des rails ; la distance horizontale de la ligne à l'axe de la voie est de 1^{m}45o. Les isolateurs à haute tension sont portés par un système articulé qui permet un déplacement horizontal des fils les uns par rapport aux autres, de façon à assurer un bon contact simultané des trois archets.

Zossen-Marienfelde.

FIG. 44. — Vue générale de la ligne.

Zossen-Marienfelde.

Fɪɢ. 45. — Vue générale de la ligne.

Il y aurait encore beaucoup de détails fort intéressants à décrire sur l'ensemble de cette installation remarquable, mais le temps me manque pour le faire. Mentionnons encore qu'aux essais la vitesse atteinte a été de 170 km. à l'heure.

(Depuis la présentation de cette note à la dernière assemblée générale de notre syndicat, de nouveaux essais ont été faits sur la ligne de Zossen à Marienfelde au cours desquels les voitures ont atteint la vitesse colossale de 207 et 210 km à l'heure.)

Il nous reste encore à dire quelques mots de la locomotive de la Société Siemens et Halske :

Locomotive Siemens et Halske avec moteurs à haute tension (fig. 46 à 51). — Quoique les voitures motrices que nous venons de décrire aient donné aux essais des résultats très probants et satisfaisants, les ingénieurs de la Société Siemens et Halske se sont préoccupés de la manière dont on pourrait réduire le poids relativement élevé de ces véhicules. Ils en vinrent à l'idée de supprimer les transformateurs et leurs accessoires et d'alimenter les moteurs directement par le courant à haute tension de la ligne ; cette diminution de poids permettait de réduire à son tour la puissance et, par conséquent le poids des moteurs ; l'économie totale ainsi réalisée a été d'environ 20 tonnes.

Après plusieurs calculs d'avant-projets, la puissance maxima fut fixée à 400 HP par moteur, avec une vitesse de 885 tours. Ce nombre de tours élevé et le fait que les moteurs devaient servir à une série d'expériences ont conduit à actionner les essieux, non plus directement comme aux voitures, mais par l'intermédiaire d'engrenages réduisant la vitesse de 1:2.

Au lieu de construire une voiture automotrice nouvelle, qui n'aurait pas pu être utilisée ailleurs, la Société Siemens et Halske décida d'appliquer ces moteurs à haute tension à une locomotive, dont voici quelques détails.

Elle a deux boggies à deux essieux, armés chacun d'un moteur de 400 HP max. ; distancé entre essieux : 6^{m}250.

La carcasse, de 12^{m}50 de longueur et 2^{m}80 de largeur, se compose de trois parties principales à peu près d'égale longueur ; la partie centrale est occupée par la cabine du mécanicien, les appareils de manœuvre, de contrôle et des freins, de chaque côté de la cabine se trouvent les caissons contenant les résistances de réglage Le poids de la locomotive sans l'équipement électrique est d'environ 24.000 kg., avec l'équipement de 40.000 kg.

Zossen-Marienfelde.

Fig. 46. — Cabine du conducteur.

Zossen-Marienfelde.

Fig. 47. — Cabine du conducteur

Zossen-Marienfelde. — Fig. 40.

SIEMENS & HALSKE

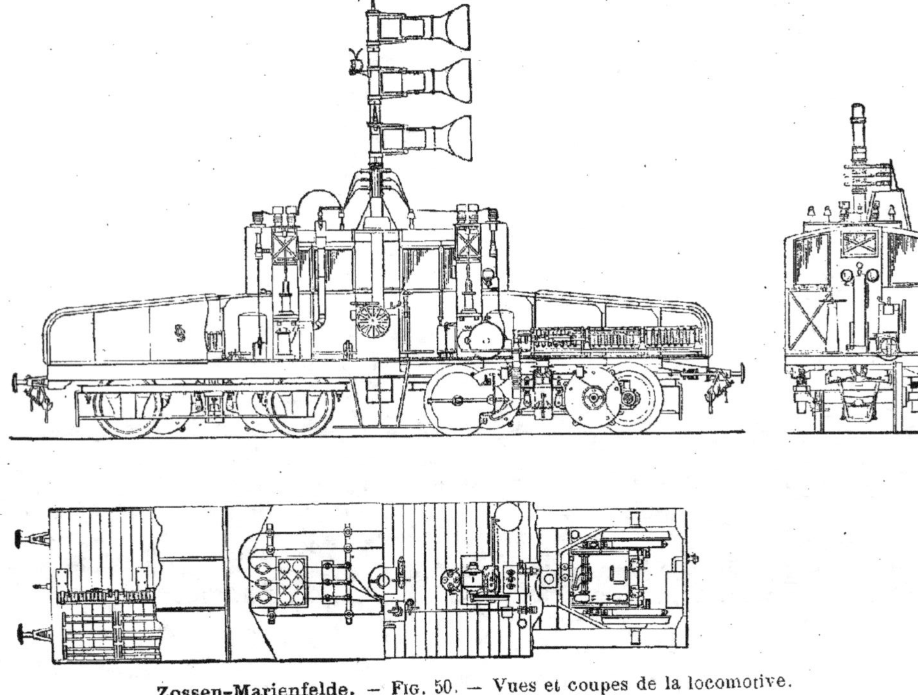

Zossen-Marienfelde. — Fig. 50. — Vues et coupes de la locomotive.

Zossen-Marienfelde. — Fig. 51. — Vue de la locomotive.

Moteurs (fig. 52 à 54). — La partie fixe des moteurs porte l'enroulement alimenté par le courant haute tension (10.000 volts) ; le fer du rotor est fixé sur une douille calée sur l'arbre et porte l'enroulement secondaire ; son diamètre est de 340 $^m/_m$, sa longueur

Zossen-Marienfelde. — Fig. 52. — Moteur.

de 300 $^m/_m$. L'enroulement primaire est logé dans soixante-douze alvéoles ouvertes, comprenant chacune soixante-sept fils ; l'enroulement secondaire à barres est logé dans quatre-vingt-dix alvéoles ouvertes et est ondulé ; sa tension au démarrage est de 700 volts.

Les paliers sont particulièrement robustes et construits de façon à laisser un entrefer de 1,5 à 2 $^m/_m$; ils sont munis du graissage automatique à bagues.

Ainsi qu'il a été dit plus haut, le travail des moteurs est transmis aux essieux par l'intermédiaire d'engrenages ; afin d'avoir une pression égale aux deux bouts de l'arbre, la transmission est réalisée par deux pignons dentés, calés des deux côtés du moteur (au lieu d'un, comme c'est le cas habituellement dans les moteurs de tramways).

La pression exercée sur les dents étant très forte et la vitesse très grande, 18 mètres par seconde, le graissage par bain d'huile eût été insuffisant ; les constructeurs ont donc imaginé d'introduire de l'huile sous pression entre les dents au moyen de jets montés au-dessus ou au-dessous des surfaces de contact de façon à avoir une lubrification abondante dans les deux sens de la marche.

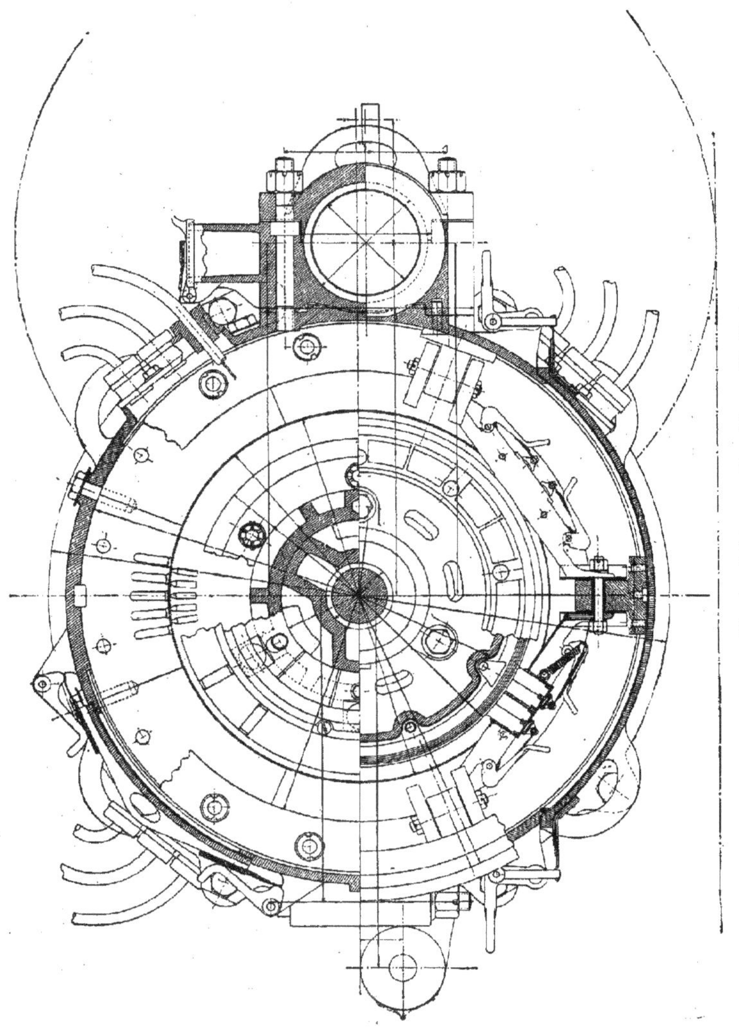

Zossen-Marienfelde. — Fig. 53. — Moteur.

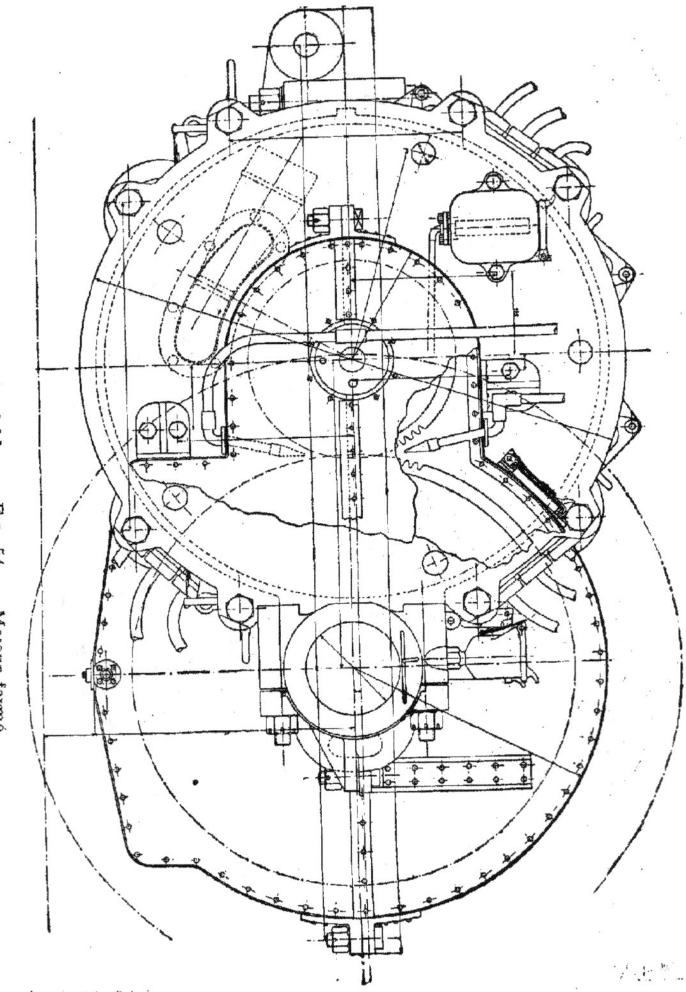

Zossen-Marienfelde. — Fig. 54. — Moteur fermé.

L'appareillage est très semblable à celui de la voiture motrice de
la même maison ; les résistances étant logées dans les caissonss ont
naturellement disposées différemment. La vitesse au démarrage est
réglée par ces résistances et l'appareil de mise en marche ; ce dernier
est isolé de la terre ; la troisième phase secondaire du moteur étant
mise à la terre, tandis que les deux autres sont reliées à deux bagues
de contact et les frotteurs de celles-ci aux résistances.

Zossen-Marienfelde. — Fig. 55. — Cabine du conducteur.

Le mât qui porte les trois archets de prise de courant passe par le
milieu de la cabine du conducteur (fig. 55), à côté se trouve la table
des appareils de contrôle avec les leviers et manettes de manœuvre
pour les mises en marche, les freins, la pompe à air, etc.

Plusieurs essais intéressants ont été faits avec cette locomotive ; la
vitesse maxima a atteint 105 km., la locomotive remorquant un wagon
pesant 31 tonnes ; l'énergie absorbée était à ce moment de 260 kw ;
l'effort au démarrage a également été déterminé, la locomotive traî-
nant la voiture automotrice, poids total : 130 tonnes. Enfin elle a
remorqué un train de marchandises pesant 200 tonnes à une vitesse
de 52 km.

3). Traction par moteurs à courant monophasé.

Exemple :

WASHINGTON-BALTIMORE-ANAPOLIS (73 KM.)
Compagnie Westinghouse.

Usine génératrice à vapeur contenant trois groupes monophasés de 1.500 kw. chacun, 15,000 volts, 83 tours, 16 $^2/_3$ périodes et deux groupes d'excitation de 100 kw. 125 volts.

Stations de transformation au nombre de neuf, contenant chacune deux transformateurs de 250 kw. dans l'huile, réduisant la tension à 1.000 volts.

Ligne de contact aérienne, tension contre rails : 1.000 volts, unipolaire en pleine campagne, bipolaire pour la traversée des villes.

Équipements. — L'équipement des voitures se compose de quatre moteurs monophasés de 100 HP chacun, montés avec leurs inducteurs par deux séries de deux en parallèle. Le courant provenant de la ligne de contact passe d'abord par l'interrupteur principal et arrive à un transformateur dont l'autre borne est reliée aux rails. Une dérivation présentant une différence de potentiel de 300 volts contre la terre, passe par le régulateur d'induction et est relié à une des bornes du circuit des moteurs, tandis que l'autre borne est à la terre.

Le régulateur d'induction est une sorte de transformateur intermédiaire ressemblant à un moteur asynchrone, le secondaire étant enroulé sur la partie fixe, le primaire sur le noyau mobile par rapport au premier. Le secondaire du régulateur est en série avec les moteurs ; il augmente ou diminue la tension du transformateur. Comme le régulateur n'a à donner qu'une différence de tension, ses dimensions peuvent être assez réduites ; la tension maxima à fournir par l'enroulement secondaire correspond à la moitié de la valeur nécessaire au réglage total. La tension des moteurs étant comprise entre 200 et 400 volts et le transformateur donnant 315 volts, l'enroulement secondaire du régulateur n'a que 100 volts environ à fournir, soit le quart environ de la tension des moteurs. Des expériences ont prouvé qu'un abaissement de la tension au-dessous de 200 volts n'était pas nécessaire, parce qu'à cette tension correspondent une vitesse faible et un torque suffisant pour le démarrage. La tension minima des moteurs est utilisée pour la plus grande partie à vaincre la self-induction du moteur qui ne dépend pas de la vitesse de l'induit, mais de l'intensité du courant.

Pour répartir uniformément la tension sur les induits des moteurs, un petit transformateur d'équilibrage est branché parallèlement aux circuits des induits et les points neutres de ceux-ci sont reliés avec le milieu du transformateur.

Les moteurs sont à huit pôles et marchent à 700 tours sous 220 volts de tension maxima. Les enroulements inducteurs des moteurs sont branchés en parallèle. Les induits des moteurs se distinguent à peine d'un induit à courant continu ; la Compagnie Westinghouse a, paraît-il, grâce à des dispositions spéciales, évité complètement les étincelles au collecteur. Les inducteurs sont naturellement lamellés.

Voilà, Messieurs, un exposé sommaire de quelques applications des systèmes utilisés jusqu'ici dans la traction électrique.

Le tableau de la page 7, me paraît marquer assez bien les diverses phases par lesquelles a passé la question et les tendances des constructeurs pour arriver à des installations aussi économiques que possible. On peut en dégager quelques renseignements utiles au point de vue de la tension adoptée, des distances que ces divers systèmes permettent de franchir, du rendement des installations, de la construction des lignes de contact, des dispositions adoptées pour les véhicules, voitures automotrices, locomotives, etc.

II.

La traction par courant continu à intensité constante n'ayant pas encore été appliquée sur une grande échelle, les deux systèmes actuellement en présence sont ceux désignés sur le tableau par Iᵃ et II ; dans le premier, la traction est réalisée par moteurs à courant continu à potentiel constant ; dans le second, par moteurs à courants alternatifs.

Le cas le plus simple et qui présente la plus grande analogie avec les tramways, est celui dans lequel la tension des moteurs est, abstraction faite des pertes en ligne, égale à celle de la station génératrice. A l'origine de 500 à 550 volts, elle a été élevée petit à petit à 600, 700, puis 800 volts. Comme elle devenait insuffisante pour des trafics importants, elle a été doublée (1.200 volts, Grenoble-Chapareillan), puis quadruplée (La Mure, 2.400 volts).

Dans le chemin de fer de Grenoble à Chapareillan on a diminué les pertes de voltage dues aux feeders, en adoptant des survolteurs qui donnent une compensation suffisante et qui étaient d'autant plus indiqués que la force hydraulique est bon marché.

D'autres constructeurs ont conservé 600-700 volts comme tension des moteurs et pour éviter l'inconvénient de trop gros poids de cuivre, ils ont établi une transmission de force à haute tension le long du parcours (chemins de fer Montreux-Oberland bernois ; Milan-Laveno, etc.) alimentant des sous-stations de transformation situées en moyenne à 15 ou 17 km. les unes des autres.

En ce qui concerne les lignes sur lesquelles la traction est réalisée par moteurs à courants alternatifs, nous voyons que le chemin de fer Berthoud-Thoune a adopté une tension de 750 volts et que les sous-stations de transformation sont situées à une distance moyenne de 3 km. les unes des autres, tandis que pour la ligne Lecco-Colico-Chiavenna, la tension des fils de contact est de 3.000 volts et la distance entre sous-stations de 10 km. environ.

Mais dans les deux cas l'énergie est transmise aux sous-stations par une ligne à haute tension, 16.000 volts pour le Berthoud-Thoune et 20.000 pour le Lecco-Chiavenna. La périodicité est de quarante pour la première et quinze seulement pour la seconde installation.

La ligne de contact du Washington-Anapolis est à 1.000 volts, la tension de la transmission d'énergie à 15.000 volts et la distance entre stations de transformation de 8-9 kilomètres.

On peut se demander pourquoi le Berthoud-Thoune n'a pas choisi une tension plus élevée pour les fils de contact, 3.000 volts, par exemple, comme l'a fait le Lecco-Chiavenna ; la raison principale me paraît résider dans le fait qu'à l'époque où cette ligne a été construite, une tension supérieure n'aurait probablement pas été autorisée et que, d'autre part, l'énergie à transmettre et la longueur du parcours sont notablement inférieures à celles de la ligne Lecco-Chiavenna.

Le voltage des fils de contact devra être choisi surtout d'après l'énergie maxima demandée sur un tronçon entre deux sous-stations de transformation au moment, par exemple, où deux trains se croisent sur ce tronçon; si on admet, avec les Américains, que la limite d'intensité qu'on peut recueillir par le trolley ou l'archet est de 300 ampères, on pourra transmettre :

<pre>
    avec 1.000 volts . . . .   500 HP
      » 2.000   »   . . . . 1.000 HP
      » 4.000   »   . . . . 2.000 HP
</pre>

Les tensions adoptées pour la ligne Zossen à Marienfelde et celle de Seebach à Wettingen paraissent donc trop élevées, mais il ne faut pas oublier que la ligne Zossen-Marienfelde devait servir principalement de champ d'expériences et qu'il rentrait dans le programme de celles-ci de constater comment se comporterait le matériel de ligne et de prise de courant pour des tensions élevées. La Société Siemens et Halske a pu à cette occasion essayer une locomotive de 1.000 HP dans laquelle les moteurs étaient alimentés directement sans transformation par le courant à haute tension de la ligne de contact à 10.000 volts.

De même la ligne Seebach-Wettingen doit servir en premier lieu de démonstration ; il est évident qu'il n'eût pas été nécessaire de recourir à une tension de 15.000 volts pour une ligne de 21 km. avec un trafic relativement faible, mais le but poursuivi par la société d'Oerlikon est de démontrer la possibilité de recueillir avec un archet spécial sur la ligne de contact du courant monophasé à très haute tension et de diminuer ainsi le nombre de points d'alimentation et de feeders.

Pour des lignes à grand parcours (plusieurs centaines de km.) et à trains lourds, le système adopté par le Montreux-Oberland bernois ou le Milan-Varèse n'est plus applicable, la distance des sous-stations de transformation (15 km.) est beaucoup trop petite ; elle conduirait à un nombre de sous-stations tel que le coût de première installation et les frais d'exploitation seraient considérables.

Les tensions admises pour le Berthoud-Thoune et le Lecco-Chiavenna sont insuffisantes aussi ; pour les lignes à trains lourds et à grands parcours il y aura lieu de recourir à des tensions notablement plus élevées, comprises environ entre 10.000 et 20.000 volts.

La puissance des sous-stations dépend de l'énergie absorbée sur le tronçon situé entre deux sous-stations consécutives et par conséquent de la composition des trains, de l'horaire et de la vitesse de marche ; l'énergie est en effet fournie surtout par les deux stations entre lesquelles se trouve un train, tandis que les stations voisines n'y contribuent que dans une faible mesure.

Un nombre élevé de sous-stations permet de diminuer la puissance de ces dernières, mais d'autre part, le coefficient d'utilisation des transformateurs diminue.

S'il s'agit de lignes à courant continu, telles que le Milan-Varèse-Laveno ou le Montreux-Oberland bernois, les frais d'exploitation, qui jouent un rôle très important par suite du personnel et de l'entretien des sous-stations, conduisent à espacer ces dernières dans les limites compatibles avec la chute de voltage et à en diminuer le nombre. La distance moyenne est pour les deux exemples du tableau de 15-16 km. Pour le Montreux-Oberland, l'horaire a été étudié de façon à ce que dans les cas de trains supplémentaires seulement, il se trouve deux trains montant simultanément dans la même direction.

Le grand avantage de ce système réside dans la possibilité d'employer des accumulateurs, ce qui réduit de beaucoup le maximum de force demandé à l'usine génératrice et charge d'une façon plus constante les stations de transformation, tout en diminuant leur importance.

La courbe d'exploitation du chemin de fer Montreux-Oberland démontre que depuis juillet 1902 à décembre de la même année, la force fournie par les moteurs triphasés des groupes transformateurs est restée presque constante, les à-coup étant fournis par les batteries.

Pour les lignes exploitées par courant alternatifs, comme le Berthoud-Thoune et le Lecco-Colico-Chiavenna, les frais d'exploitation des sous-stations étant réduits à un minimum, on peut en augmenter le nombre et diminuer leur puissance. Pour le Berthoud-Thoune, les trains à sous-stations sont espacés de façon à ce qu'une des sous-stations n'ait à alimenter au maximum qu'un train double ; on est arrivé ainsi à placer un transformateur de 450 kw. dans chacune d'elles. Au chemin de fer Lecco-Chiavenna, la puissance des sous-stations a été choisie de 300 KVA.

A côté de ces systèmes avec stations de transformation fixes, il faut mentionner ici ceux à stations de transformation mobiles, tel que celui de la ligne Seebach-Wettingen où le courant de la ligne est transformé sur la locomotive en courant continu, alimentant les moteurs des essieux et celui des voitures automotrices d'essai qui ont roulé sur la ligne Zossen-Marienfelde, dans lequel le courant triphasé haute tension de la ligne de contact est transformé sur les voitures en courant basse tension également triphasé.

Les locomotives avec station de transformation triphasé-continu devenant nécessairement très lourdes, ne peuvent guère être appliquées qu'à la remorque de trains lourds aussi, en d'autres termes, l'emploi de ces locomotives ne serait indiqué que sur les grandes lignes et conduirait à renoncer à un des principaux avantages de la traction électrique, d'avoir un service fréquent de trains légers.

Les voitures automotrices de la ligne Zossen-Marienfelde sont à ce point de vue plus avantageuses, le poids n'étant augmenté que de celui des transformateurs réducteurs de tension. Mais si le trafic est intense et le nombre de trains élevé, il est préférable de recourir à l'emploi de transformateurs-réducteurs fixes et de les répartir le long du parcours pour éviter de traîner un poids mort inutile, comme cela a été fait au Lecco-Chiavenna ou au Berthoud-Thoune.

Encore plus avantageuses que les voitures automotrices que nous venons de mentionner sont la locomotive de la Mure et celle de la Société Siemens et Halske dont les moteurs reçoivent directement le courant haute tension de la ligne de contact sans transformation. Le poids mort est réduit à son minimum.

Concernant le rendement instantané, il est *a priori* évident que les systèmes à alimentation directe tels que celui du chemin de fer de la Mure ou de la locomotive de la ligne Zossen-Marienfelde donnent un rendement maximum en même temps que le maximum d'économie si la tension choisie est suffisamment élevée pour que les pertes dans les feeders et la ligne de contact soient faibles sans que les poids de cuivre soient exagérés.

Les systèmes à transformation simple avec stations fixes ou mobiles sont un peu moins favorables comme rendement à cause de la perte du transformateur réducteur qui est d'ailleurs faible (Berthoud-Thoune, Lecco-Chiavenna). La perte la plus élevée est donnée par les systèmes à commutation de courants alternatifs en courant continu ou de courant continu à intensité constante en courant continu à potentiel constant; la perte supplémentaire résultant de la commutation étant d'au moins 10 %.

La plupart des installations mentionnées dans le tableau de la page 7 ont, comme ligne de contact, une ligne aérienne; l'une fait exception, c'est la ligne de Milan-Varèse-Laveno.

Le choix entre l'une ou l'autre de ces prises de courant dépendra du système adopté pour la traction et de la tension choisie. Comme on ne peut guère admettre une tension supérieure à 1.000 volts pour le troisième rail à cause des difficultés d'isolation et des chances de courts-circuits, le troisième rail se prêtera très bien dans les installations utilisant le courant continu produit dans des sous-stations réparties le long de la ligne où lorsqu'on a à transmettre de fortes intensités à un réseau concentré comme dans les métropolitains par exemple. Une des conditions importantes pour le bon fonctionnement d'un chemin de fer électrique et la réduction de ses frais d'entretien, est d'avoir un contact excellent entre la ligne et les frotteurs; à ce point de vue le troisième rail présente des avantages sur le fil aérien; il permet plus facilement d'augmenter le nombre des frotteurs et d'avoir un chemin de frottement bien parallèle au plan de la voie. Avec la ligne aérienne et la prise de courant par dessous, les flèches des fils sont souvent la cause d'interruptions momentanées, surtout si les voitures marchent à grande vitesse, les archets n'ayant pas le temps de suivre toutes les courbes des lignes de contact; il s'en suit la formation d'arcs ou d'étincelles qui usent beaucoup les archets et les fils ; si on veut l'éviter, il faut augmenter le nombre des points de suspension et des supports.

Avec la disposition des trois fils superposés verticalement et la prise de courant par le côté, adoptées pour la ligne d'essais de Zossen à Marienfelde, l'influence des flèches ne se fait plus sentir ; même à la vitesse maxima, le contact a été bon. Les systèmes à courant continu ou monophasé l'emporteront toujours sur le système triphasé pour la simplicité de la ligne aérienne, des aiguillages, etc.

Au point de vue de l'équipement des véhicules, le type de moteur employé dépend en premier lieu du système adopté, de là les deux grandes catégories dans lesquelles nous avons réparti les diverses lignes de chemins de fer choisies comme exemples d'applications.

Le moteur à courant continu est employé sous potentiel constant, mais avec bobinage en série ; sa résistance ohmique étant très faible, les moteurs d'une même locomotive ou voiture automotrice sont, pour le démarrage, branchés en série avec une résistance au moyen du controller afin d'éviter un à-coup de courant qui équivaudrait à un court-circuit ; au fur et à mesure de l'augmentation de la vitesse et par conséquent de la force contre-électromotrice, ils sont intercalés par séries de deux en parallèle avec résistance, puis par quatre en parallèle, ainsi que cela se passe, par exemple, au chemin de fer Montreux-Oberland bernois.

Au chemin de fer de la Mure, les quatre moteurs sont branchés en deux séries de deux, et la vitesse est réglée par des résistances en circuit.

Ce système série-parallèle présente le très grand avantage de permettre des démarrages énergiques et économiques en même temps, tout en évitant une absorption de courant trop forte sur les génératrices, qui nécessiterait pour ces dernières une puissance plus grande.

Le grand avantage du moteur-série sous potentiel constant est le torque très puissant qu'il peut développer au démarrage et qui atteint jusqu'à six fois sa valeur normale ; le démarrage se fait ainsi rapidement et il en résulte une économie de temps qui a une grande importance dans l'exploitation des métropolitains par exemple, où les distances entre stations sont faibles. Comme autres avantages du moteur à courant continu-série nous pouvons encore citer l'auto-régulation de la vitesse sur les lignes à profil accidenté ; la facilité avec laquelle on peut régler la vitesse et l'augmenter en cas de retard, l'influence beaucoup moindre qu'exerce sur le moteur continu une chute de voltage éventuelle, ce qui permet de charger davantage les lignes d'alimentation et de contact.

La locomotive proposée par Oerlikon est, au point de vue du démarrage, absolument idéale et présente le maximum d'économie ; la tension de la génératrice du convertisseur triphasé-continu qui est excitée séparément, étant élevée successivement, les moteurs de la locomotive et éventuellement des wagons, démarrent en absorbant un courant proportionnel à la tension de la génératrice et augmentent de vitesse avec l'élévation de la tension. Les pertes dans les résistances sont donc complètement évitées. Le réglage de la vitesse du train est ainsi très facilité et le système permet de marcher avec une vitesse correspondant à la charge à remorquer ou à la rampe à franchir, il peut donc prendre la vitesse maxima en palier, la diminuer en rampe, etc., et absorber ainsi une énergie qui peut être presque constante.

Ce système de réglage imaginé par Ward-Leonard a été d'ailleurs appliqué aux locomotives Heilmann de 800 et 1.200 HP.

La vitesse du moteur triphasé ou alternatif est, comme on le sait, liée à la périodicité du courant des génératrices ; jusqu'ici trois systèmes de réglage ont été appliqués pour varier la vitesse, soit, comme moyens électriques, l'intercalation de résistance et le montage en cascades (Lecco-Sondrio) et, comme moyen mécanique, le changement du rapport des engrenages entre le moteur et l'essieu (locomotives du Berthoud-Thoune), mais aucun d'eux n'est aussi simple et économique que le couplage série-parallèle des moteurs continus. Le démarrage s'opère donc en absorbant une quantité d'énergie notamment plus forte. Une fois en marche, la locomotive ou voiture triphasée roule à une vitesse constante quel que soit le profil ; ceci ne nous paraît pas être un avantage, mais plutôt un inconvénient ; en cas de retard dans l'exploitation, celui-ci ne peut être rattrapé. Ce système manque donc de souplesse et est à ce point de vue inférieur au système continu.

Par contre le moteur triphasé ou alternatif est plus robuste que le moteur continu, il ne possède pas de collecteur et est plus simple de construction ; cependant le faible entrefer qu'on est obligé de lui donner diminue un peu la sécurité d'exploitation qui résulte de sa construction. Le moteur triphasé peut être construit pour des tensions très élevées ainsi que le prouve la locomotive de Siemens et Halske équipée avec des moteurs à 10.000 volts.

En ce qui concerne la disposition des équipements, nous voyons que, sauf pour les voitures de la ligne Zossen à Marienfelde et les voitures motrices de la ligne Lecco-Chiavenna, les moteurs transmettent leur couple aux essieux par l'intermédiaire d'engrenages réducteurs. Les voitures mentionnées qui font exception marchent à une vitesse telle que l'attaque directe était tout indiquée. Ainsi que nous l'avons vu dans la description de ces installations, les moteurs de la ligne Lecco-Chiavenna et ceux de l'A. E. G., de la ligne Zossen à Marienfelde, ont le rotor monté sur un fourreau qui laisse un certain jeu par rapport à l'essieu, tandis que les moteurs de la voiture de Siemens et Halske ont le rotor calé directement sur l'essieu.

La place réservée aux appareils de commande et de réglage a été aménagée aux deux extrémités des voitures, sauf pour la locomotive Siemens et Halske où les appareils et l'emplacement du conducteur se trouvent au centre, comme c'est aussi le cas d'ailleurs pour les locomotives de l'Ouest et de la ligne Baltimore-Ohio.

Comme prises de courant pour lignes aériennes, c'est l'archet, sous une forme ou une autre, qui a été adopté pour tous les exemples du tableau de la page 7.

Comme conclusion des considérations ci-dessus, je ne pense pas que l'un quelconque des systèmes décrits plus haut puisse convenir à tous les cas qui se présenteront dans la traction des chemins de fer ; le courant continu à potentiel constant sera avantageusement appliqué aux lignes d'intérêt local, tandis que les courants alternatifs (ou éventuellement le courant continu à intensité constante) se prêteront plutôt aux conditions demandées par le trafic des grandes lignes.

III

Nous allons maintenant chercher à faire ressortir quelques-uns des avantages de la traction électrique sur celle à vapeur, en nous servant de la statistique des chemins de fer suisses.

En Suisse les dépenses annuelles des chemins de fer sont réparties de la façon suivante :

    I. — Frais d'exploitation proprement dits ;
    II. — Frais divers ;
    III. — Renouvellement et amortissement.

La première catégorie se subdivise en quatre chapitres :

    1. — Administration centrale ;
    2. — Entretien et surveillance de la voie ;
    3. — Service d'expédition ;
    4. — Service de traction.

La traction électrique influencera en première ligne les dépenses du service de traction puis celles de l'entretien et de la surveillance de la voie, et enfin celles du service d'expédition.

Dans la comparaison qui suit, j'admets naturellement que l'énergie est créée par des usines hydrauliques appropriées.

Combustibles. — La statistique des chemins de fer suisses démontre que la consommation de charbon a été en 1901 de 446.000.000 kg. et que le prix moyen a été de frs 31,37 la tonne. La consommation par IIP h. étant d'environ 1,75 kg. ces 446.000.000 kg. représentent une énergie de 262.000.000 HP heures par an.

Les frais de combustible représentent donc 5,5 par HP heure et environ 6,5 par kwh., si on admet que pour produire un cheval aux roues, les moteurs absorbent 0,850 kw.

La question qui se pose est celle-ci :

Les usines hydro-électriques peuvent-elles produire l'énergie à meilleur compte ? On a dit de l'usine de l'*Etzel* dans le canton de Schwytz qui est encore à l'état de projet qu'elle pourrait produire le courant à 2 cm. le kwh. Ceci n'est pas impossible, si l'exploitation peut être organisée de façon à ce que la durée journalière d'utilisation soit longue et que la charge ne varie pas entre des limites trop éloignées. Si on pouvait répartir le service de six heures du matin à minuit, ce qui correspondrait à une utilisation annuelle du kw. de 6.500 heures, le revenu du kw.-an serait de 130 francs.

Si nous prenons comme exemple l'usine de Chèvres près de *Genève* installée pour 18.000 HP et dont le coût a atteint environ 160 fr. par kw., nous voyons que le prix de 130 fr. par kw.-an laisse une marge suffisante pour les frais d'exploitation, l'intérêt et l'amortissement à 10 % et un dividende même dans les périodes où les eaux sont ou trop basses ou trop hautes.

Il est évident que le coût de premier établissement d'usines plus petites est plus élevé, le choix judicieux des chutes qui seront utilisées pour la traction aura une influence considérable sur le prix de revient de l'énergie. Même pour un coût de premier établissement de 500 fr. par HP, ce qui correspond à une chute moyenne de 10 à 20 mètres pour une puissance de quelques milliers de chevaux, le rendement de 130 fr. par kw.-an serait encore une affaire suffisamment rémunératrice. L'énergie électrique pourrait être aussi obtenue dans des conditions favorables, d'usines qui, ayant atteint un rendement rémunérateur, cherchent à vendre le surplus de leur force.

En résumé, je crois que des usines hydro-électriques construites **dans de bonnes conditions peuvent à cause de la forte utilisation** annuelle, fournir l'énergie aux bornes des transformateurs au prix de 2 cent. le kwh. ; première économie.

Mais outre cette diminution du prix unitaire de l'énergie, nous avons une économie dans *la consommation de la force*.

La résistance de roulement et de l'air qui s'oppose à la traction en palier est donnée par

$R = 1,5 + 0,001\ V^2$ par tonne pour les voitures et par

$R = 4\ \sqrt{a} + 0,002\ V^2$ par tonne pour locomotives à vapeur.

Si le train est remorqué par une voiture automotrice, la *résistance* ne sera que de très peu supérieure à celle d'une voiture ordinaire, tandis que celle d'une locomotive à vapeur est beaucoup plus forte.

En second lieu le poids mort d'une locomotive à vapeur est beaucoup plus élevé que celui d'une voiture automotrice ; pour un train remorquant 200 tonnes, par exemple, l'économie de poids pourra être d'environ 40 tonnes, puisque nous n'avons plus de tender à remorquer et que la locomotive électrique est notablement plus légère que celle à vapeur.

Le calcul montre que pour un train de la composition donnée plus haut, l'économie d'énergie est d'environ 30-35 % ; en rampe, elle sera en % plus faible soit d'environ 23 % pour 10 %₀₀ de rampe et de 21 % par 25 %₀₀. Je pense que la moyenne d'économie réalisée sera d'environ 25 % ; en *France*, elle atteindra probablement environ 30 %.

Graissage et nettoyage. — La dépense pour graissage et nettoyage a atteint, en 1901, en *Suisse*, environ 6 % , en *Allemagne*, environ 10 % du prix de charbon. Il est difficile de chiffrer ce que sera la dépense dans le cas de la traction électrique, mais il est *a priori* évident qu'elle sera très notablement inférieure à celle des locomotives à vapeur. En outre, la suppression de la fumée entraîne une réduction importante des frais de nettoyage.

La dépense d'énergie et de matières diverses est donc évidemment réduite de beaucoup par l'introduction de la traction électrique ; cette dernière peut en outre utiliser une source de gains qu'il est difficile d'estimer, mais qui est en faveur de l'électricité, c'est la récupération d'énergie à la descente, les moteurs travaillent en génératrices sur les lignes.

Personnel. — Le personnel de traction pourra être réduit un peu ; pour les trains importants, on ne pourra guère admettre que la marche du train soit confiée à un seul homme, mais on pourra former un certain nombre d'employés du service d'expédition à la manœuvre des appareils, de sorte que le wattmann puisse, en cas d'accidents, être remplacé par un billeteur ou contrôleur.

Le personnel n'aura pas besoin d'être aussi bien stylé et éduqué et pourra être meilleur marché, la conduite d'une locomotive ou automotrice électrique étant plus simple que celle d'une locomotive à vapeur.

Entretien du matériel roulant. — Dans la locomotive à vapeur c'est la chaudière qui exige le plus de réparation. Elle est en effet exposée par suite de son service intermittent à de grandes variations de température ; très souvent on est obligé de forcer le tirage ; au moment où le charbon est lancé dans la grille un courant d'air frais pénètre dans la boîte à feu, ce qui n'est pas favorable à la chaudière. Très souvent aussi, l'eau d'alimentation est prise dans des puits ou fontaines telle quelle, sans avoir été détartrée, de sorte que si l'eau est calcaire, elle détériore rapidement la chaudière.

Le moteur à vapeur lui-même est constamment exposé à la poussière, au sable, à la fumée, à la neige, ce qui a pour conséquence une usure rapide des parties frottantes.

Dans la locomotive ou automotrice électrique, c'est la partie tournante du moteur qui se détériorera le plus rapidement, puisqu'elle est exposée aux secousses continuelles et répétées, aux chocs occasionnés par le passage d'un rail à l'autre.

La transmission du mouvement de rotation du moteur à l'essieu est ou bien *directe* ou bien *indirecte*.

Dans le premier cas il y a, ainsi que nous l'avons vu, deux dispositions possibles, suivant que la partie mobile est calée directement sur l'essieu ou sur un fourreau.

La *transmission indirecte* ou par engrenages a ses avantages et ses inconvénients : comme *avantages*, on peut mentionner que le moteur peut travailler à la vitesse la plus favorable à sa puissance, par conséquent à meilleur rendement et devient ainsi plus léger ; comme *inconvénients* il faut reconnaître que la transmission par engrenages entraîne une perte d'énergie et que les frais d'entretien sont augmentés.

Les autres parties de la locomotive électrique n'entraînent pas à de gros frais d'entretien ; évidemment les frotteurs ou archets seront à renouveler de temps à autre, mais n'occasionneront pas une dépense importante.

Il est assez difficile de dire aujourd'hui si les frais d'entretien du matériel électrique seront inférieurs à ceux du matériel à vapeur ; seule une expérience de quelques années et une statistique des résultats obtenus sur les lignes actuellement en exploitation pourront trancher la question d'une manière définitive. Mais il me paraît que les arguments énoncés sont bien en faveur de la traction électrique.

Je puis d'ailleurs vous dire que sur la ligne de *Berthoud-Thoune*, une expérience de quatre ans prouve que les frais d'entretien sont inférieurs à ceux des lignes analogues à vapeur et que la maison *Ganz et Cie* qui a construit la ligne *Lecco-Colico-Sondrio-Chiavenna* et qui fait également du matériel à vapeur estime que les frais d'entretien des locomotives électriques atteindront environ 3 cent. par locomotive-kilom. contre 9 cent. par locomotive-kilom. à vapeur. Dès l'instant où l'entretien est meilleur marché, c'est qu'il est plus simple, plus rapidement fait et par conséquent qu'il exige des ateliers de réparation moins coûteux et moins importants.

Voilà en ce qui concerne le service de traction.

Voyons maintenant le service *d'entretien et de surveillance* de la voie qui comprend le personnel nécessaire et *l'entretien et le renouvellement* des voies et installations connexes.

Pour ce chapitre également, il y a beaucoup à présumer que la traction électrique sera plus économique que celle à vapeur ; la suspension des locomotives à vapeur est en effet moins bonne que celle des voitures automotrices. Puis la manière dont l'effort de traction s'exerce sur les rails est complètement différente dans les deux systèmes ; dans les locomotives à vapeur, l'effort tangential varie entre un maximum et un minimum, tandis qu'il est constant avec le moteur électrique. Il en résulte que l'adhérence est notablement supérieure à celle obtenue de locomotives à vapeur de même poids et qu'on obtient avec la traction électrique des efforts de traction supérieurs aussi.

Enfin, nous supprimons avec la traction électrique ces mouvements de galopage, de tangage et de lacet assez fréquents avec la traction à vapeur qui se transmettent souvent à tout le reste du train et qui contribuent à l'usure de la voie et des bandages.

En résumé, on peut espérer sur ce chapitre également une réduction des dépenses sans cependant pouvoir dire à combien elle se montera ; comme pour le chapitre précédent, l'expérience et le temps donneront le pourcent de la diminution.

Concernant les installations des gares, nous supprimons l'entretien de celles nécessaires à la captation des eaux d'alimentation des chaudières.

Par contre, nous avons en plus l'entretien et le renouvellement des stations de transformation et du fil de contact ou rail de contact.

Voilà quels me paraissent être les chapitres qui seront influencés par l'introduction de la traction électrique.

Pour avoir une image complète, il faudrait pouvoir ajouter les intérêts et amortissements des capitaux investis. Ceci est un travail tel qu'il occuperait à lui seul plusieurs ingénieurs pendant plusieurs mois.

Il a paru dans le courant des derniers mois, plusieurs travaux à ce sujet qui me paraissent cependant prématurés et ne donnent pas des points de repère suffisants pour pouvoir se baser sur les résultats donnés. L'importance des capitaux dépendra beaucoup du ou des systèmes adoptés et de la manière dont l'exploitation pourra être organisée et avant que ces deux points ne soient un peu élucidés, il me paraît risqué de faire des calculs et de publier des chiffres à ce sujet.

Mais outre l'avantage financier, nous voulons que la traction électrique nous en apporte d'autres concernant le trafic et le confort.

Le trafic idéal pour les voyageurs serait celui qui résulterait d'une exploitation analogue à celle des tramways ; c'est-à-dire que les trains lourds qui partent à des intervalles de plusieurs heures soient remplacés par des trains légers partant à de courts intervalles les uns des autres. Ce système aurait de grands avantages au point de vue des capitaux engagés dans les usines.

Les Allemands et les Américains désirent atteindre ces résultats tout en augmentant la vitesse de marche. Les expériences faites sur la ligne *Zossen-Marienfelde* ont démontré qu'avec la traction électrique, il est possible d'atteindre des vitesses supérieures à 200 kilomètres à l'heure et d'organiser entre les centres principaux d'Allemagne, un service à très grande vitesse qui contribuerait beaucoup au développement de l'industrie et des relations commerciales.

De telles vitesses cependant ne peuvent être pratiquées que sur des voies spéciales sur lesquelles seuls les trains éclairs circuleraient. Il serait intéressant de démontrer que si une exploitation pareille devait être introduite un jour ou l'autre, elle ne pourrait être basée que sur l'emploi de l'électricité ; malheureusement le temps nécessaire me manque.

Il me paraît d'ailleurs qu'une exploitation semblable est moins intéressante pour le moment dans des pays comme la Suisse et la France où les profils sont parfois très accidentés et les tracés munis de nombreuses courbes.

D'une manière générale, une exploitation dans le genre de celle des tramways rencontre des difficultés de nature sérieuse :

1° Le trafic des trains de transit qui circulent d'un pays à l'autre ;

2° Le contrôle du trafic et la couverture des trains par les appareils de signaux ;

3° La nécessité dans laquelle on se trouverait probablement d'avoir presque toutes les lignes à double voie, sur l'une d'elles circuleraient les trains électriques à grande vitesse, sur l'autre les trains de marchandises et les trains omnibus ; ceci entraînerait naturellement à une dépense considérable ;

4° L'augmentation des pertes par résistance de l'air qui se répètent pour chaque voiture.

Par contre, la charge des usines électriques serait beaucoup plus constante, elle pourrait être construite pour une puissance maxima beaucoup moindre et leur utilisation moyenne deviendrait idéale.

Je pense que la traction électrique pourra être introduite assez facilement et rapidement dans certains rayons qui ont peu à faire avec le grand trafic de transit ou sur des lignes qui, comme le *Gothard*, font quasi un service de navette entre deux points déterminés sans avoir à se préoccuper beaucoup des branchements secondaires.

En ce qui concerne les autres avantages de la traction électrique, signalons le gain de temps réalisé à égalité de vitesses maxima par suite des démarrages beaucoup plus rapides dont la durée est donc notablement raccourcie. Puis la plus grande commodité des communications entre centres importants d'un même département ou de départements voisins, réalisée par un système de trains légers analogues à ceux qui ont été introduits en utilisant la vapeur dans les banlieues de Paris, Londres, Berlin, et tout spécialement aux États-Unis.

L'éclairage des voitures se trouve solutionné de la façon la plus simple possible.

La suppression de la fumée et des étincelles qui ont été la cause de si nombreuses catastrophes, augmentera beaucoup la sécurité des voyageurs et de l'exploitation.

La détermination de la force maxima nécessaire à un réseau donné ne peut se faire que par un travail long et consciencieux basé sur les horaires et les profils des lignes ; il serait très erroné de se baser sur la consommation du charbon, ou sur la puissance totale des locomotives à vapeur en fonction à ce moment là sur le dit réseau. En Suisse, par exemple, la puissance totale des locomotives à vapeur se chiffre par 33o.ooo chevaux, ce qui ne veut naturellement pas dire qu'il faut 33o.ooo chevaux pour exploiter électriquement l'ensemble des réseaux suisses. D'autre part, l'énergie absorbée annuellement représentant 262 millions de chevaux-heure, si l'exploitation est répartie sur dix-huit heures par jour, la force absorbée simultanément serait d'environ 4o.ooo chevaux aux roues ou 6o.ooo chevaux aux turbines. Il est évident que le maximum absorbé sera beaucoup plus élevé, le trafic ne se laissant pas répartir d'une façon aussi uniforme.

Dans les réseaux de tramways, les maxima atteignent de 1,5 à 3 fois la charge moyenne ; je pense que dans l'exploitation des chemins de fer, le rapport sera plus défavorable encore.

Ces considérations générales vous démontrent que l'introduction de la traction électrique se bute à des difficultés sérieuses dont les principales sont :

1º Les installations existantes et l'état de choses créé depuis de nombreuses années au point de vue technique comme à celui de l'organisation de l'exploitation ;

2" Les complications introduites dans l'exploitation par la nécessité d'une transformation successive et partielle spécialement en ce qui concerne les communications extérieures et les trains de transit ;

3º La question des capitaux et de l'amortissement aussi bien pour ce qui existe que pour ce qui est à créer.

Malgré ces obstacles sérieux, le Comité pour l'Etude de la Traction Electrique des Chemins de fer suisses a été d'avis que cette question devait être poussée énergiquement au point de vue de l'économie nationale du pays, et qu'elle ne devait pas être retardée davantage, car toutes les difficultés de nature générale se retrouveront plus tard aussi bien qu'aujourd'hui, certaines d'entre elles croîtront même d'année en année.

Les progrès réalisés ces dernières années en électricité permettent d'espérer une solution satisfaisante ; les problèmes à étudier touchant d'une part aux questions d'exploitation de chemins de fer et d'autre part aux questions électro-techniques, j'ai été d'avis que si un progrès pouvait être réalisé dans cette voie, ce ne serait que grâce à un travail en commun des organes des administrations de chemins de fer avec les électriciens ; c'est pour cette raison que le Comité suisse a été composé de représentants :

1º Des administrations des compagnies de chemins de fer ;

2º Des cinq principales maisons suisses de construction électrique, soit :

Alioth ;

Brown Boveri & Cie ;

Compagnie de l'industrie électrique et mécanique :

Oerlikon ;

Rieter et Cie.

3º De l'Association suisse des Électriciens et de l'Association des Centrales suisses.

Je termine en donnant les grandes lignes du programme de ce Comité :

1º Etude générale de l'application de la traction électrique en tenant compte des exploitations diverses de notre pays depuis les lignes d'intérêt secondaires aux lignes principales ;

2º Etude comparative des divers systèmes électriques au point de vue financier et technique ;

3º Etude des forces hydrauliques disponibles et de leurs frais de premier établissement ; coût de l'énergie livrée d'usines existantes ou d'usines nouvelles ;

4º Etablissement de devis de construction et d'exploitation pour quelques cas typiques en se basant sur les systèmes trouvés les plus appropriés ;

5º Etablissement de types normaux pour les détails de construction, l'alimentation, la tension, les équipements, les moteurs, les locomotives, etc.

Je ne sais pas si, et jusqu'à quel point, la constitution d'un pareil Comité est possible en France et dans d'autres pays. Il serait très désirable, au point de vue de l'avancement de la question, qu'il pût être fait quelque chose dans cet ordre d'idées et que les Comités se communiquassent les résultats obtenus.

Je termine en exprimant le vœu que notre Syndicat veuille bien examiner la question.

NOTE

Nous reproduisons ci-dessous une bibliographie empruntée aux principaux journaux spéciaux relatifs à l'électricité et imprimés en langue française, qui sera de nature, croyons-nous, à compléter heureusement la si intéressante conférence reproduite plus haut.

L'INDUSTRIE ÉLECTRIQUE

10 janv. 1903. — La Traction Électrique par courants alternatifs triphasés sur les chemins de fer de la Vateline.

25 janv. 1903. —   Id.   id.

25 mars 1903. — La Traction Électrique sur le North Eastern Railway d'Angleterre.

10 avril 1903. — La Traction Électrique et l'Elevated de Chicago.

25 avril 1903. — La Locomotive Électrique à 2.400 volts à courant continu de la Mure.

25 avril 1903. — Chemin de fer à courants triphasés de la Vateline.

10 mai 1903. —   Id.   id.   (suite et fin).

10 juin 1903. — Essais de Traction à unités multiples au Métropolitan and District Railway de Londres.

25 juin 1903. — Les trains à unités multiples de l'Interborough Rapid transit de New-York.

25 juin 1903. — Système Électro-pneumatique de traction à unités multiples, système Siemens-Schuckert.

10 juil. 1903. — La Locomotive Électrique de la Mure.

10 août 1903. — La Traction Électrique à New-York.

25 août 1903. — Le Chemin de fer Électrique de la Mersey.

25 août 1903. — Expériences de Traction Électrique par courants alternatifs simples sur le réseau de Milan.

10 sept. 1903. — Les nouvelles Locomotives Électriques de Baltimore.

25 sept. 1903. — Tramway Électrique du Mont-Blanc.

10 oct. 1903. — Nouvelle application des trains à unités multiples aux États-Unis.

25 oct. 1903. — Les essais à grande vitesse de Zossen-Marienfeld.

25 oct. 1903. — Essais de Traction des chemins de fer par courant alternatif simple à Niederschöneweide.

10 nov. 1903. — Le Chemin de fer Électrique de la Mure.

25 nov. 1903. — Un projet de Chemin de fer Électrique à grande vitesse en Italie.

25 nov. 1903. — Première application des courants triphasés à la traction aux États-Unis.

L'ÉCLAIRAGE ÉLECTRIQUE

ÉLECTRICIEN

HOUILLE BLANCHE

REVUE TECHNIQUE

IMPRIMERIE LEFEBVRE-DUCROCQ, LILLE

www.ingramcontent.com/pod-product-compliance
Lightning Source LLC
LaVergne TN
LVHW012216170726
843503LV00005B/2110